KB236741

시낭메고 중국만리

남상호 · 김정선

경인문화사

남상호 南相鎬

1951년 충북 음성 출생
1979년 고려대학교 철학과 학사
1985년 대만대학 석사
1991년 대만대학 박사
1991년~현재 강원대학교 철학과 교수로 재직중

◆ 저서·역서

『동양의 인간이해』(1992, 공저, 형설출판사), 『중국철학방법사』(1997, 강원대학교 출판부), 『법과 인간의 존엄』(1997, 공저, 박영사), 『지성과 실천』(1998, 공저, 강원대학교 출판부), 『원시유가도가철학』(1999, 번역, 서광사), 『현대사회와 동양사상』(2003, 공저, 강원대학교 출판부), 『6경과 공자인학』(2003, 예문서원), 『오서백일송』(2005, 경인문화사), 『노자 81송과 전각』(2006, 공저, 경인문화사), 『한시로 만나는 제자백가』(2007, 경인문화사), 『공부론』(2007, 공저, 예문서원).

시낭메고 중국만리

인쇄 | 2010년 4월 27일
발행 | 2010년 5월 7일

저 자 | 남상호·김정선
발행인 | 한정희
발행처 | 경인문화사

편 집 | 신학태, 문영주, 정연규, 안상준, 김지선
영 업 | 이화표
관 리 | 하재일, 양현주

주 소 | 서울특별시 마포구 마포동 324-3
전 화 | 718-4831~2, 팩 스 | 703-9711
이메일 | kyunginp@chol.com
홈페이지 | http://www.kyunginp.co.kr | 한국학서적.kr
등록번호 | 제10-18호(1973.11.8)

ISBN | 978-89-499-0698-0 03810   값 18,000원
ⓒ2010, Kyung-in Publishing Co, Printed in Korea

목 차

머 리 말

　　필자는 2008년 12월 19일부터 2009년 2월 18일까지 두 달간 대만과 중국을 여행하게 되었다. 이번 여행은 필자가 강원대학교 철학과 교수가 된 지 17년 반 만에 유학했던 대만대학을 방문한 것이다. 뿐만 아니라 결혼한 지 30년이 되도록 현실의 이러저러한 핑계로 보류인생만 살았던 우리 자신에게 스스로 보상해주려는 생각도 있었다. 그래서 이번 두 달은 모든 시름 다 떨치고 홀가분한 마음으로 여행하려 한 것이다. 그러나 글공부하는 사람이 손에서 책을 놓는다는 것이 생각처럼 쉬운 일이 아니다. 그래서 무료한 시간에는 한시를 지어 보려고 시낭詩囊 속에 사전과 운보韻譜를 챙겨 갔다.

　　필자는 새천년이 시작되던 2001년에 한시에 입문하게 되었고, 그 후 틈틈이 한시를 지었다. 그 과정에서 『오서백일송』2005, 『노자 81송과 전각』2006, 『한시로 만나는 제자백가』2007 3권의 책을 출판하게 되었다. 그 외에 이번 여행 중에 지은 시를 포함한 서정시 400수를 지었다.

　　일반적으로 여행기는 산문으로 쓴다. 그러나 필자는 차별화된 기행문을 쓰기 위해 한시로 기행문을 써보려 했다. 그래서 본 기행문은 산문 사이에 시문이 있는 것이 아니라, 시문 사이에 산문이 있는 것이다.

　공자는 "시에서 마음을 일으키고, 예에서 서며, 음악에서 완성한다 『論語』「泰伯」 8"고 말했다. 흥을 돋우는 데는 시문이 좋기 때문이다. 시가 비록 남의 것이라도 흥은 내 가슴에서 나오는 것이기 때문에 그 정서를 함께 할 수 있는 것이다. 이번 여정에서 중국인과 시문을 통한 문화적 소통의 재미가 있었다. 특히 자기에 관한 시문의 경우 그들이 좋아하는 걸 보면 내가 무슨 큰 선물이라도 한 것 같았다.

　대만에서는 추억여행 위주였으므로 과거의 이야기가 많고, 대륙에서는 우이산武夷山·취푸曲阜·타이산泰山 등의 문화여행이야기가 많다. 세상은 있는 것 자체만으로 이미 아름답지만, 문화예술적 해석이 있을 경우 그를 통해 볼 수 있는 또 다른 아름다움이 있다. 어쩌면 우리는 그런 문화예술적 해석 없이 산천을 감상할 줄 모르게 되었는지도 모른다.

　모든 것은 활용하기 나름이다. 직접 가봐야만 여행이 아니고, 남의 여행기를 통해 정신적으로 가보는 것도 역시 여행이다. 남의 시라도 자기의 가슴에 이른다면, 그것은 남의 시구로 자기 가슴속의 시를 일군 것이다. 우리는 잠을 잘 때 꿈을 꾸지만, 맨 정신으로 꿈을 꿀 수 있는 것은 시를 읽을 때이다. 세상은 꿈꾸는 자의 것이다.

필자가 본 기행문의 구성을 시문 위주로 한 것은, 독자가 시적 상상을 통해 아름다운 자기만의 세계를 꿈꿀 수 있도록 하기 위함이다. 이 기행문은 모자라기 비할 데 없지만, 새로운 계기를 마련하는 데 하나의 방편이 되기를 기대한다.

요즘 출판시장의 어려움에도 불구하고 이 책을 내주신 한정희 사장님과 편집과 제작에 애쓰신 신학태 부장님, 문영주 씨에게 깊은 감사를 드린다.

춘천 국사봉 아래에서

남상호 · 김정선

여행기간 : 2008.12.19 ~ 2009.2.18.(2개월)

총 이동거리 : 6~7,000Km

도보여행거리 : 600Km 이상(하루 3시간 이상 걸음)

춘천(2008년 12월 19일 4시 35분 출발) → 인천(12월 19일 9시 35분 이륙) → 타이베이
(臺北, 현지시간 2008년 12월 19일 10시 40분 中正국제공항에 착륙, 2009년 1월 16일 10시
5분 松山 국내공항을 이륙, 28박29일) → 진먼따오(金門島, 16일 11시 공항에 착륙, 17일 10
시 반 배로 출발, 1박2일) → 샤먼(廈門, 17일 12시 샤먼 부두에 도착, 1월 18일 4시 55분 비
행기로 이륙, 1박2일) → 우이산(武夷山, 1월 18일 5시 35분 우이산 공항 착륙, 20일 5시 14
분 우이역 출발, 2박3일) → 난징(南京, 1월 21일 9시 난징역 도착) → 우시(無錫, 1월 21일
우시에서 1박) → 쑤저우(蘇州, 1월 22일 쑤저우에서 1박) → 항저우(杭州, 1월 23일 항저
우에서 1박) → 상하이(上海, 1월 24일 오후 상하이 도착, 2월 2일 9시 기차로 출발, 8박9일)
→ 취푸(曲阜, 2월 3일 아침 7시 취푸 도착, 2월 6일 6시 45분 버스로 출발, 3박4일) → 타
이산(泰山, 2월 6일 8시 30분 도착, 2월 9일 8시 30분 기차로 출발, 3박4일) → 베이징(北
京, 2월 9일 3시 30분 베이징역 도착, 2월 18일 11시 45분 대한항공으로 귀국, 9박10일)

첫번째 이야기

대만선유 臺灣仙遊

(여행기간 : 2008.12.19~2009.1.17)

　　대만은 아름다울 뿐만 아니라 힘들여 농사짓지 않아도 먹을거리가 풍부하며 살기 좋은 곳이다. 그래서 1590년 포르투칼인이 대만에 처음 왔을 때 아름다운 섬이라는 뜻으로 Formosa라고 명명했다.

　　타이베이는 우리가 30대 젊은 시절 9년을 고스란히 보낸 곳이기 때문에 많은 추억이 서려 있는 곳이다. 우리가 막상 다시 추억을 찾아간다고 생각하니, 흰 머리카락이며 깊은 주름살 속에서 17년이라는 긴 세월이 느껴진다. 당시 타이베이에서 만난 학부생들은 이미 40대가 되었을 것이고, 중년은 이미 노년이 되었을 것이다. 설마 그럴 리야 없겠지만 서로 쳐다보고 누구냐고 반문하지나 않을까? 문득 당시唐詩 한 수가 생각났다.

〈회향우서回鄕偶書〉

소소이가노대회　少小離家老大回
향음무개빈모쇠　鄕音無改鬢毛衰
아동상견불상식　兒童相見不相識
소문객종하처래　笑問客從何處來

어려서 고향 떠나 늙어서 돌아오니
고향의 말소리는 여전한데 귀밑머리만 희어졌구나
아이들을 만났지만 서로 알지 못하여
웃으며 묻길, 손님께선 어디서 오셨소?

賀知章(659~774)

2008. 12. 19. 금.
타이베이, 맑음, 23℃

설렘 때문이었을까? 이것저것 준비물을 챙기다보니 새벽 3시가 되도록 잠을 이루지 못했다. 샤워하고 여행 가방을 챙기는 사이에 벌써 4시가 되어 첫 공항버스를 타기 위해 콜택시를 타고 버스터미널로 갔다. 우리가 너무 일찍 나가서인지 그때까지 나온 사람은 단 한 사람뿐이었다. 버스는 4시 35분이 되어서야 출발했는데 7시도 채 안 되어 인천공항에 도착했다.

공항에서 출국 수속을 하는 과정에서 대만무비자 입국의 경우 출국비행기표를 요구한다는 말을 들었다. 대만은 1개월까지는 비자 없이 여행이 가능하기 때문에 우리는 비자를 받지 않았다. 그런데 무비자의 경우 출국하는 비행기표가 있어야 한다. 그래서 급히 신용카드로 대만에서 홍콩으로 가는 대한항공 비행기표를 예매할 수밖에 없었다. 홍콩까지 두 사람의 편도 항공료가 107만여 원이었다. 원래 홍콩을 갈 생각은 했으나 구체적인 계획은 없었기 때문에 좀 혼란스러웠다.

우리가 탄 비행기는 9시 25분 이륙을 하여 남쪽으로 향했다. 비행기가 10,972m 이상 고도에서 시속 800Km로 비행한다고 안내 방송을 한다. 1982년 8월 말 새로운 꿈을 가지고 대만에 유학 갈 때 불안하고 막막했던 그 기분이 되살아났다. 지금 돌이켜 생각해보면 단지 젊은 혈기 하나만으로 도전했지만, 참으로 가슴 떨리는 긴장된 순간이었다. 어떻게 나에게 그런 용기와 결단력이 있었을까, 그 당시 나는 이미 결혼해서 자식이 둘이나 있었는데.

17여년 만에 드디어 대만에 도착했다. 불과 2시간 35분이면 올 수 있는 길인데, 그동안 너무 무심했던 것은 아닌가 하는 생각이 들었다. 착륙 시간은 현지 시간으로 10시 40분이다. 우리나라와의 시차는 1시간이다. 도착 후 100위안짜리 전화카드를 사서 대만대학의 외빈숙소인 루밍야서鹿鳴雅舍로 전화를 했다. 팩스로 숙소를 신청했는데, 회신이 없어서 예약이 되었으리라 믿고 왔는데 방이 없다고 한다. 확인하지 않아 문제가 생긴 것은 나의 불찰이었다.

우리는 하는 수 없이 공항버스를 타고 타이베이처짠臺北車站에서 내려 다시 택시를 타고 타이베이 교사회관으로 갔다. 그곳 역시 방이 없었다. 당황스러웠지만, 예전에 우리가 살아서 비교적 익숙한 지역인 타이베이한국학교에 가서 도움을 요청해보기로 했다. 다행히 타이베

타이베이한국학교

이한국학교장의 도움으로 그곳에서 중국어를 가르치는 양리팡楊麗芳 선생을 만났다. 양선생은 예전에 삼군대학에서 나와 같이 한국어 강의를 했던 사람이고, 남편 역시 삼군대학에서 한국어를 강의했던 따이위페이戴郁軏 선생이다. 그분에게 마침 청년공원 근처에 비어 있는 30평 규모의 아파트가 있다며 흔쾌히 우리를 거기에 머물게 해 주었다. 우리에겐 다른 좋은 방법이 없었기 때문에 염치 불구하고 신세를 지기로 했다. 선뜻 자신의 집을 내준 두 분이 너무나 고마웠다.

우리는 짐을 대충 정리하고 나서 대만대학 철학과로 갔다. 라이잉만賴盈滿, 천리칭陳麗卿 조교와 장지에張姐를 만났다. 거의 옛 모습 그대

대만대학 정문

로였다. 조교의 안내로 과주임을 맡고 있는 쑨샤오쯔孫效智 교수를 만났다.

  잠시 후 조교가 내게 배정된 연구실에 가서 Lan선을 연결하여 컴퓨터를 사용할 수 있게 해 주었다. 나는 209호 연구실 열쇠를 받아가지고 나오면서 여러 가지 감회가 교차했다. 1982년 8월 말 처음 유학 왔을 때 생소했던 그 느낌과, 17여 년만에 다시 돌아온 느낌이 생소한 면에서는 비슷했으나, 다른 점은 과거 기억 속의 그 무엇을 찾아 두리번거리며 확인하는 것이다.

  저녁에는 석사·박사 지도교수님이신 우쿤루鄔昆如 선생님 댁을 방문했다. 사모님은 아들 딸과 함께 미국에서 사시기 때문에 선생님 혼자 계셨다. 오랜만에 뵈었지만 그동안 세월의 흐름도 빗겨간 듯 건강해 보이셨다. 선생님께서는 대만대학 철학과 조교한테 내가 온다는 말을 전해 들으시고 많이 기다리셨다고 한다. 그렇게 오랜 세월 기다리셨을 것이라 생각하니 죄송한 마음이 들었다. 선생님께 시 한 수를 드렸다.

〈臺灣大學 대만대학〉

校庭靑椰如前嵩　교정청야여전숭

街巷菜香還是豊　가항채향환시풍

敎學撰書長鬢白　교학찬서장빈백

和心浩氣滿顔紅　화심호기만안홍

대만대학 교정의 야자수 여전히 우뚝 서 있고

길거리엔 음식 냄새 역시 여전하구나

교수님들은 가르치고 연구하는데 머리가 희어졌지만

화기 넘치는 얼굴은 아직도 홍안이구나

臺灣大學哲學系에서

우쿤루 선생님과

　선생님 댁을 나와 대만대학 교정을 거쳐 정문 앞에서 253번 버스를 타고 집으로 왔다. 버스비는 1인당 15위안한화 600원이다. 잔돈이 없어 50위안을 냈는데 거스름돈을 내주지 않았다. 타이베이에서는 본래 거스름돈을 내주지 않는 것을 몰랐다. 새벽 3시부터 잠 한숨 제대로 못 자고 춘천에서 타이베이까지 왔으니 몸이 천근만근이다.

아침 7시 떠우장을 먹으러 예전에 살았던 집 부근으로 갔다. 거의 변한 것이 없었다. 우리는 떠우장豆漿 2그릇, 만터우饅頭 1개, 빠오즈包子 1개, 유탸오油條 1개 등 72위안으로 아침을 먹고 중앙시장으로 갔다. 어디에서나 사람들의 삶은 늘 그렇듯이 음식이나 과일 채소 등은

떠우장과 만터우

예전이나 마찬가지이다. 정신없이 다니는 오토바이와 좁은 길을 비집고 들어오는 트럭에 대해서도 싸우는 일 없이 관대하다.

5년이나 살았던 집이지만 이미 17년이나 되었으니 모두 모르는 낯선 사람들뿐이다. 그래도 앞집의 약방 아저씨 내외는 아직도 기억하고 있나는 것이 고미었다. 낯익은 공원을 산보하면서 과거 추억속의 아련한 모습을 되살리는 것도 좋지만 아는 사람이 없으니 웬일인지 쓸쓸하기만 하다. 만약 불치병으로 냉동보관 중인 사람이 의학의 발달로 질병을 고쳐 다시 살아간다면 50년이나 100년 이후 그 엄청난 낯설음을 어떻게 할까?

17년 전 살았던 집

〈回顧 회고〉

山川樹木昔今同　산천수목석금동

街道人情內外衷　가도인정내외충

卄載回來隣不識 　입재회래인불식

公園熱鬧肺胸空 　공원열료폐흉공

산천초목은 예전이나 마찬가지이고

길거리 인정은 아직도 훈훈하구나

20년 만에 돌아와 보니 이웃은 알지 못하고

공원에 사람들이 많이 있어도 가슴 속은 공허하다

靑年公園에서

점심에는 따이위꿰이 선생이 우리를 초대했다. 장소는 유학시절 우리도 자주 다녔던 청년공원靑年公園 아파트 근처의 음식점인데 주인은 이미 바뀌었지만 분위기는 예전과 비슷했다. 여러 반찬 중 동퍼러우東坡肉라는 돼지고기 조림이 맛있었다.

동퍼러우*를 보니 문득 나의 유학시절 생각이 났다. 박사반 지도

* 동퍼러우東坡肉는 송宋나라 시인이었던 동퍼東坡 쑤스蘇軾, 1036~1101가 개발한 음식의 이름이다. 쑤동퍼가 후베이湖北 황저우黃州로 유배되었을 때, 당시 황저우에서는 돼지고기가 아주 쌌다. 부자들은 먹지 않았고, 가난한 사람들은 음식으로 해 먹을 줄 몰랐다. 그래서 그는 돼지고기를 껍질째 두껍게 잘라 살짝 삶은 뒤, 술·간장·설탕·고추·파·생강 등을 함께 넣고 약한 불로 푹 익혀 먹었다. 동퍼러우는 그런 돼지고기 찜에서 유래한 음식이다.

교수님 중 한 분인 옌링펑嚴靈峰 선생님은 늘 댁에서 강의를 하셨는데, 그때 사모님께선 항상 동퍼러우와 같은 맛있는 음식을 준비해서 우리 유학생들을 행복하게 해 주셨다. 가끔 쩌렁쩌렁한 기침소리를 내시지 만 가래 때문에 그러신 것이고, 늘 학생들을 당신 손주처럼 대해주시 던 교수님의 모습을 잊을 수가 없다.

오후 4시에 짱용쥔張永儁 선생님 댁에 인사를 갔다. 내가 학교 다닐 때 가장 목소리가 크고 열정적이셨던 교수님이다. 사람을 따뜻하고 편 한 마음으로 대하시는 것이며, 카랑카랑한 목소리 역시 여전하시다. 올해 73세인데 예전부터 귀가 잘 들리지 않는 것 빼고는 건강하셨다.

아침 6시에 일어나 시장루西藏路 쪽 시장에서 총여우빙葱油餅 반 쪽 30위안, 부추전 하나, 떠우장 2컵을 68위안에 사가지고 집 앞에 있는 청년공원에 와서 아침으로 먹었다. 집 나오면 그야말로 생고생이다.

공원에는 타이지취엔·파룬궁·무용·산보·달리기를 하는 등 많은 사람들이 북적였다. 그것 역시 예전이나 마찬가지이다.

우리는 아이들의 취학을 위해 한국학교가 있는 청년공원靑年公園 옆으로 1985년 가을에 이사 온 후 1991년

하버드에서 유학 중인 아들

귀국할 때까지 이곳에서 살았다. 그래서 우리 아이들에게는 아련한 추억이 서려 있는 마음의 고향이 된 곳이다. 그래서 우리 부부도 잊을 수 없는 곳이다. 저녁 식사 후면 아이들과 자전거 타기·롤러스케이트 타기·달리기·수영·연 날리기·그림 그리기 등 온갖 추억이 깃들어 있는 곳이다. 그래서 우리가 공원에서 산보할 때면 옛 기억이 되살아났다. 지금 우리는 옛 추억을 떠 올리는 것만으로도 행복하다.

집으로 돌아오는 길에 미국 하버드대학에서 유학중인 아들에게 전화를 했다. 유치원과 초등학교를 다니던 어린 시절의 추억이 깃든 곳이라서 그런지 당장이라도 달려오고 싶은 모양이다. 공원을 거닐 때면 아이들의 놀던 모습이 눈앞에 아른거려 가슴이 뭉클해진다.

우리는 오후에 시내를 나갔다가 옛날에 알던 교포들의 소식이라도 들어보려고 구어삔따판디엔國賓大飯店 뒤편에 있던 교포 상회를 찾아갔는데 이미 한 곳도 없었다. 예전에는 교포상회도 많았고 한국인도 많았는데, 이제는 전혀 찾아 볼 수가 없어 가슴속이 허전했다. 260번 버스를 타고 집으로 돌아왔다.

돌아오는 길에 완따루萬大路

무과

롱궈

입구에서 내려 시장에서 무과木瓜, 1개에 30위안 잘 익은 것으로, 롱궈龍果 : 겉이 빨갛고 속은 우유빛 이나는 육질에 검은 깨 같은 씨가 있음, 1개 40위안, 만두 10개를 사 가지고 집으로 와서 저녁으로 먹었다.

아내는 대만 TV에 익숙하지 않아 우리나라의 지나간 연속극을 방영하는 41번과 43번 채널만 보았다. 나 역시 마찬가지였다. 낯설고 물설어 아직은 마음이 불안정하고 쓸쓸하다.

저녁에 따이위꿰이戴郁軌 선생한테서 전화가 왔다. 삼군대학 한국어반 학생들과 저녁을 함께 하기로 약속했다는 것이다. 우리를 배려해 준 것이 고마웠다. 정윤도鄭潤道 교수한테서도 안부 전화가 왔다. 예전에 함께 삼군대학에 한국어 강의를 나간 인연이 있어 목소리만 들어도 반가웠다.

낮에 청년공원을 산보하다가 휠체어를 밀고 가는 부녀를 보며, 시 한 수를 지었다.

〈孝親 효친〉

榕樹新根抱老根　용수신근포로근

公園子女蓋親褌　공원자녀개친곤

先行後步承千路　선행후보승천로

代代相傳繼萬孫　대대상전계만손

용수의 새 뿌리가 묵은 뿌리를 감싸듯

노부모 모시고 공원에 나온 자녀들은 부모님께 옷을 덮어드
린다

부모님 모시고 다니며 온 세상길을 따라가듯

대대로 전하여 만대를 이어가길

타이베이 청년공원에서

　시를 짓다 보니 옛날 생각이 많이 났다. 20년전1988년 일이지만 우
리가 귀국하는 대신 부모님께서 대만에 오신 적이 있다. 그 때 부모님
과 함께 협궤열차를 타고 아리산阿里山에 올라간 적이 있다. 그 철도는
일제가 대만을 통치할 때 1912년 아리산의 목재를 운반하기 위해 건설
한 삼림철도인데, 쟈이역嘉義에서 아리산역까지 모두 80여개의 터널
을 관통하는 72키로미터로 건설되었으며 지금은 관광열차가 다니고

화리엔

있다. 그렇게 올라가는 아리산은 고도가 2천 미터 이상 되기 때문에 한 여름에도 긴팔 옷을 입어야 한다.

그리고 타이베이에서 열차를 타고 대만 동부 관광지인 화리엔花蓮에 갔다. 오랜 세월 빗물에 석회암 절벽이 녹아내려 협곡을 이룬 곳이다. 부모님께서는 며칠이지만 이렇게 아무 것도 하지 않고 놀아보기는 평생 처음이라고 말씀하셨다. 얼마나 고단한 삶이셨을까 짐작조차 되지 않았다.

우리는 아침에 대만대학으로 갔다.

장지에張姐가 차 두 잔을 가져왔다. 오랜만에 온 손님이라 신경을 써주어 고마웠다. 옛 사람들을 만난 반가움에 시 한 수를 지었다.

〈遠因近緣 원인근연〉

汝我相離二十年 여아상리이십년

一逢互見歲無遷 일봉호견세무천

時光亦是唯心造 시광역시유심조

但願當今若一然 단원당금약일연

당신과 나 헤어진 지 20년

만나자 그 동안 세월은 온 데 간 데 없네

세월도 역시 마음의 조화일지라도

단지 원하건대 지금처럼 한결같기를

臺灣大學에서

대만대학 앞에서 양춘미엔陽春麵, 40위안, 혼뚠양춘미엔餛飩陽春麵, 50위안을 먹고, 한국대사관基隆路 1段 333號 15層에 가서 영사의 안내로 대표부 대사를 만났다. 그곳에서 생각지도 못한 리엔콴즈連寬志 선생을 만났다. 리엔콴즈 선생은 우리 아이들에게 중국어를 가르쳤던 선생님이어서 만나고 싶었는데, 뜻밖에 만나 너무 반가웠다. 한교협회 0937-486-465, 2757-7007에도 들렀는데 아무도 만나지 못했다.

다시 택시를 타고 대한항공KAL: 2518-2200, 臺北市 松江路 87號 3f에 들러 홍콩 가는 비행기표를 취소했다. 환불 가격은 6만 원을 제하고 101만 원을 돌려받게 된다고 했다. 오는 길에 대만은행에 들러 유학시절에 쓰다 남은 돈 50위안 100위안짜리를 바꾸었다. 지금은 사용되지 않는 돈이 되었기 때문이다. 은행 직원은 어디서 이런 오래된 돈을 가져왔느냐며 이상한 듯 쳐다보았다.

아침을 먹고 중앙시장으로 갔다. 귤 한 박스를 사서 타이베이한국학교에 갖다 주었다. 방을 구하는 데 도움을 주었을 뿐만 아니라, 우리 두 아이가 다녔던 학교이기에 뭔가 마음의 표시를 하고 싶어서였다.

아는 분으로부터 메일이 왔다. 요즘 교수님들은 영혼 없는 글을 쓴다고 누가 비판하더라는 말을 전해왔다. 글 쓰는 사람이라면 누구든 그렇게 자기의 정신이 들어 있는 글을 쓰려고 할 것이다. 그렇지 못한 나는 스스로 인정하는 마음 때문인지, 망치로 한 대 맞은 것처럼 기분이 멍했다.

오후에는 쑹산松山에 있는 취앤환치어우여행사全環球旅行社에 가서 타이베이臺北 → 진먼따오金門島 항공표 2장과 진먼金門 → 샤먼廈門 선박표 2장을 대만 돈 6,500위안한화로 28만 원에 샀다. 중국과 대만 사이에 삼통三通 : 중국과 대만 사이에 통우通郵 즉 우편과 통신, 통상通商 즉 무역, 통항

通航 즉 상호왕래 3가지를 교류하는 것을 금년 12월 15일부터 본격적으로 개통해서 비행기와 배편이 많이 생겼다. 그래서 싼 가격으로 중국으로 들어 갈 수 있게 되어 우리도 이번에 그 덕을 보게 된 것이다. 사실 홍콩을 거쳐 가는 것과 비교하면 약 4분의 1 정도 가격 밖에 안 되는 가격이다.

집으로 돌아오는 길에 205번 버스를 타고 타이베이역에서 내렸다. 뉴러우미엔牛肉麵을 먹으러 카이펑지에開封街쪽으로 걸어갔다. 가는 길에 사람들이 줄을 길게 서 있으니까, 아내는 무슨 좋은 음식을 싸게 파는 줄 알고 묻지도 않고 줄을 섰다. 다진 쇠고기에 후추를 넣어 구운 빵이다. 아내는 한 개에 45위안이란 말을 듣고 비싸서 그냥 가자고 했다. 그러나 기왕에 줄을 선 것인데, 그냥 가면 후회할 것 같아 두 개를 샀다. 길거리 음식으로는 비싼 편이었지만 맛있었다.

우리는 걸어서 시먼띵西門町을 돌아보고 롱산쓰龍山寺로 갔다. 롱

롱산쓰

화시지에 관광야시장

산쓰는 청나라 건륭황제 때 지어진 것인데, 불교 도교 및 민간 신앙 등
이 한데 어울어진 사찰로서 우리나라 절과는 많이 다르다. 그 옆에 있
는 야시장 주변 환경도 정비되어 많이 깨끗해졌다. 롱산쓰 앞에는 지
에윈짠捷運站, 지하철역이 생겨서 오고가는 사람들이 더 많아진 것 같았
다. 롱산쓰와 옆 골목의 화시지에관광야시장華西街觀光夜市場은 타이베
이 여행의 필수 코스이다.

저녁으로 볶은 밥에 죽순나물60위안을 먹고 오는 길에 화시지에관
광야시장華西街觀光夜市場 입구에 있는 티엔런밍차天仁茗茶 상점에 들러
아리산阿里山 녹차를 샀다. 집에 있는 TV의 무엇을 잘못 건드렸는지

아예 보이지 않아서 TV 수리점에 가서 물어봤더니 가져와봐야 알 수 있다고 한다. 남의 물건을 고장 냈다는 부담 때문에 난감難堪했는데, 주인이 와서 리모콘을 조작하여 고쳤다. 그건 리모콘 조작 미숙이었지 고장이 아니었던 것이다.

아침 뉴스에 이 곳 대만도 대학을 졸업한 후 1년간 14%가 직업을 찾지 못한다고 한다. 요즘은 어느 나라든 취업 사정이 마찬가지이다. 어제 비행기로 대륙에서 팬더곰 한 쌍이 왔는데, 무짜木柵 동물원에 들어가기 위해 검역 중이라 한다. 소위 대륙과의 삼통三通의 선물로 들어온 것이다. 경제적으로 힘든 시기에 좋은 소식이라 그런지 매일 뉴스에 나오고 있다. 팬더곰 인형을 비롯해서 각종 선물이 등장하고 대만 전체가 요란스럽다. 운송과정에서는 국가원수인 총통급으로 경찰의 호위를 받았다고 하니 대단하다.

아침을 먹고 대만대학으로 갔다. 대만대학 철학연구소 박사과정에서 유학하고 있는 대학원생을 만났다. 예전에는 한국 학생이 많았는데 지금은 모두 중국으로 가고 여기 대만대학 철학과에는 박사반 1명, 석사반에 1명만이 공부를 하고 있다. 그 학생들을 보니 예전 생각이 많이

뉴러우미엔

나서 하나라도 더 알려 주고 싶은 마음에 말을 많이 했던 것 같다.

점심 때 학교 앞에서 뉴러우미엔牛肉麵, 50위안을 먹고 집으로 왔다. 요즘엔 늘 배가 고프다. 먹는 것보다 걷는 시간이 많아서 그런가 보다. 언제부턴가 우린 웬만한 거리는 걸어 다니는 게 습관처럼 되어 버렸다. 요즘은 문화대학에서 발표 할 「서경과 공자인학」을 번역하느라 힘들다. 집으로 돌아오는 길에 시장루西藏路에 들러 볶음밥50위안, 죽순나물20위안, 두부볶음30위안, 쥬차이삥韭菜餅, 18위안을 사다 저녁으로 먹었다.

오늘은 완따루萬大路의 떠우장 집에 가서 아침을 먹었다. 날이 갈수
록 석세 믹는다. 이제는 그동안 먹고 싶었던 음식에 대하 감증이 사라
져 가고 있는 것 같다.

253번 버스를 타고 학교에 가니까 다음 주 월요일29일에 철학과 학
술토론회가 있다고 공고가 붙었다發表者 : 南相鎬, 主題:「詩經與孔子仁學」,
日時: 12月 29日 下午 3:30~5:30. 이미 한국에서 준비를 해두었던 것이라
큰 걱정은 없었다. 바람 쐬러 교정 뒤의 연못가를 가 보았다. 옛날에
아이들과 함께 자주 왔던 곳이다. 취월호醉月湖는 예전 그대로인데, 물
속에 비친 그림자는 모두가 달라졌다.

학교 앞에서 점심으로 루러우판魯肉飯에 김치泡菜 한 접시를 사서
국물까지 맛있게 먹었다. 김치 한 접시라고 해봐야 두세 젓가락이면
다 먹을 양인데 30위안이다. 그래도 며칠 굶주렸던 사람이 오랜만에

취월호

생명수를 만난 것처럼 김치가 너무 맛있어 체증이 뚫리는 듯 행복했다. 우린 어쩔 수 없는 한국 사람인가 보다.

식사 후 집으로 돌아와 번역을 계속했다. 이번 주 중으로 끝내야 할 텐데 걱정이다. 저녁 먹으러 가는 길에 아내와 의사소통이 잘 되지 않아 큰소리가 났다. 여러 가지로 불편하고 마음이 편하지 않으니 신경이 날카로운 것 같다. 참을 걸 그랬나보다. 11시 반이 되어서야 겨우 잠자리에 들었다.

2008. 12. 26. 금.
타이베이, 흐림, 16~20℃

대만에 온 지 일주일이 되었다. 매일 아침을 먹고 대만대학에 나와 매일을 확인하는 일이 습관처럼 되어버린 것 같다. 마치 출퇴근을 하는 사람처럼….

학교에 도착하자 금년에 대만대학에서 박사학위를 받은 한경덕韓京惠 박사장자 연구자가 인사를 왔다. 중화민국 국방부 참모본부에서 한국어를 강의하고 있다고 한다. 국내외를 막론하고 학위소지자들은 일자리가 없어 걱정을 한다. 점심 때 대만대학 중앙도서관에 가서 자료를 찾아 중국문화대학에서 발표할 논문을 보완했다. 대만대학 중앙도서관은 300만 장서를 가진 도서관으로서 3년 전에 이전하여 개관하였다. 도서관 내부의 시설이며 관리 체계가 현대화 되어 편리하고 쾌적했다.

옛날 생각이 났다. 내가 석·박사 과정을 다닐 때의 대만대학 중앙

대만대학 중앙도서관

도서관은 일제시대 때 지은 건물에 있었고, 장서도 그리 많지 않았다. 우연한 기회에 보존용 도서실에 들어갈 수 있었는데, 그때 한국과 관련된 귀중한 자료를 볼 수 있었다. 대부분이 일제가 만든 책으로서 조선과 관련된 자료들이었다. 일제강점기시대에 복사된 두루마리 조선사신행열도도 있었고, 조선유학에 관한 연구서도 있었다.

학생활동 중심에서 점심을 먹고 오랜만에 교정 여기저기를 돌아보고 연못가에서 사진도 찍었다. 오후 3시 반이 되어서 집으로 왔다. 오는 길에 아내는 배추 한 포기와 양념을 조금 사가지고 와서 이곳에 온 이후 처음으로 김치를 담갔다. 밥을 한 그릇 사와 오랜만에 새로 담근 김치로 저녁을 배불리 먹었다. 김치의 흉내만 낸 것인 데도 며칠 굶은 사람처럼 정말 맛있게 먹었다.

피곤해서 일찍 잠을 자는데, 저녁 9시 20분에 따이위꿰이戴郁軌 선생 부부가 왔다. 며칠 전에 우리가 주었던 방세를 다시 가지고 와서 한사코 거절하며 마음만 받겠다며 빈 봉투만 가져갔다. 큰 빚을 지게 되어 난감하면서도 정말로 고마웠다.

저녁 9시 30분에 쓰레기차가 와서 쓰레기를 내다 버리고 청년공원 두 바퀴1시간를 돌고 집으로 돌아와 잠자리에 들었다. 대만은 쓰레기 수서를 참 칠지하게 잘히고 있다. 수거 시간이 정확하게 정해져 있어서 그 시간에 쓰레기를 분리해서 내다 버려야지 낮에는 내다 놓을 수가 없다. 그러니 거리에 쓰레기가 있을 리 없고 환경도 좋아지고 거리도 깨끗하다. 시민들이 처음에는 힘들었겠지만 이미 정착이 되어 잘 지켜지는 것 같다. 하기야 어긴 벌금4,500위안, 한화로 약 194,000원이 너무 엄청나서 불합리해 보이기도 하고 번거롭기는 해도 좋은 제도인 것 같다.

오늘은 대만대학 철학과 졸업생모임이 오전 10~12시에 대만 대학 철학과 강당에서 있었다. 어찌 된 일인지 졸업생이 거의 오지 않았다. 그곳에서 뚜바오레이杜保瑞 교수와 일본인 사또佐藤將之 교수를 만났다. 사또 교수는 서울대 정치학과에서 석사를 받았다.

나도 1991년 6월 8일 졸업한지 벌써 17년 반이 되었으니 세월이 많이 지나갔다. 그때 유학생들은 거의 오토바이를 타고 다녔는데, 우리도 오토바이 하나로 여기저기 많이 놀러 다녔다. 또 명절 때면 기

17년 전 졸업식

숙사에서 혼자 지내는 유학생들과 함께 식사를 하거나 유학생 체육 대회며 동문 모임에 참석하는 등 아름다운 추억들이 많다. 그 당시 대만대학의 한국 유학생은 100여 명 이상 되었는데, 지금은 거의 보이지 않고 아는 사람도 보이지 않는다.

17년이란 세월 속에 패기만만했던 젊은 30대를 지나 벌써 60을 바라보는 나이가 되고 보니 과연 그동안 무엇을 했는가 하는 생각이 들었다. 쉴 줄도 모르고 살아온 세월이지만, 결과물로 볼 때 결코 만족스럽지 못하다. 17년간 『중국철학사』를 쓰고 있지만 아직도 완성하지 못하고 있으니 답답하다. 앞으로 일이년은 더 걸릴 것 같다.

  아침 8시 30분 따이위꿰이戴郁軌 선생이 자동차를 가져와 함께 무짜木柵에 있는 정치대학으로 갔다. 정치대학에서 제 17회 한중문화국제학술회의가 있어 참석하기 위해 간 것이다. 고려대학에서는 심경호沈慶昊 교수가 대학원생들과 함께 왔다. 심경호 교수의 논문에 화답하여 한 수 지었다.

심경호 교수와

〈自傳 자전〉

陰陽轉萬物 음양전만물

生誌從天行 생지종천행

自讚何能作 자찬하능작

葵心過一生 규심과일생

천지음양의 이치가 만물을 변화시키듯

살아서 쓰는 자서전도 자연의 운행을 따르는 것

스스로 짓는다고 없는 것을 어떻게 지을 수 있으랴

해바라기의 마음처럼 한평생 살아가리

대만 政治大學에서

버스를 타고 집으로 오는 길에 예전에 다녔던 10위안짜리 시장 일명 잡코시장 옆을 지났다. 그곳에서 유학 초기에 말도 못하는 세 살 먹은 딸아이를 잃어버리고 눈앞이 캄캄했던 옛 기억이 다시 떠올랐다. 우리 둘은 울컥하는 마음에 눈물을 흘리고 말았다. 그땐 유학 온 지 얼마 안 되어 어른 아이 할 것 없이 모두 의사소통도 제대로 안 되던 힘든 시절이었다. 그런 어린 아이들이 벌써 결혼할 나이가 되었으니 세월이 번개 같구나.

그곳을 조금 지나서 버스에서 내렸다. 대만에 와서 첫 번째 살던 곳興隆路 3段 207巷 아파트에 가 보았다. 감회가 벅차올랐다. 1983년 봄 5살짜리 아들이 과자 사러가던 모습이며, 처음 중국 유치원을 보내던 날 안 가려고 투정하던 모습들이 아직도 생생하다. 아들이 다니던 쟈쟈여우즈위엔家家幼稚園은 그 자리 그대로인데 단지 주인이 바뀌었을 뿐이다. 두 번째 살던 집과 집 앞의 공원에도 가 보았다. 뛰어다니는

興隆路 3段 207巷 아파트

쟈쟈여우즈위엔

아이들 속에서 우리 아이가 금방 뛰어 나올 것만 같다. 그때 아이들이 타고 놀던 그네도 그대로 있다. 옛날처럼 잠시 그네도 타보았다.

지금 돌이켜 생각해 보면, 그때는 힘들고 암담했던 순간도 많았지만 젊은 날에 별 계획도 없이 뛰어들었던 그 길이 지금은 희미한 추억 속에 남아 있다. 조금은 슬프면서도 아름다운 그림자가 되어 우리 부부의 30대를 장식해 주고 있다. 다시 그 길을 가라면 조금은 망설여지겠지만, 그래도 용기 있게 잘 했다고 나를 칭찬해 주고 싶다.

아들이 5살 딸이 3살 때 어느 날 내가 사과를 깎았다. 깎은 사과의 속을 내가 먹으러 하자, 두 아이기 동시에 안 돼! 엄마 꺼야! 라고 소리쳤다. 나는 깜짝 놀랐다. 평소 아내가 사과를 깎으면 늘 사과 속을 먹는 것을 보고, 아이들은 그것을 엄마 것이라 생각했던 것이다. 이처럼 아이들은 언제나 어른들이 무심코 하는 행동을 그대로 받아들인다. 그래서 늘 그랬던 것처럼 사과 속도 꼭 엄마가 먹어야 하는 것으로 여겼던 것이다.

우리는 옛날에 아이들이 놀던 놀이터를 가보았다. 그동안 아이들이 어른이 되었듯 나무도 많이 자랐다. 아내는 옛날 그 놀이터에서 아이들과 함께 탔던 그네를 다시 타보면서 눈시울을 붉혔다. 자식들이 다 커서 부모의 품을 떠나갔으니 허전한 마음 때문일 것이다. 아내가 그때를 회상하고 아이들의 장래를 생각하면서 모처럼 시 한 수를 지었다.

〈追憶 추억〉金貞仙

湖邊細柳發春萌　호변세류발춘맹

一列郡鳧搖綠萍　일렬군부요녹평

孩子童年同苦樂　해자동년동고락

何時得配過安生　하시득배과안생

호숫가 하늘거리는 버드나무 새 잎이 나고

어미 따라가는 오리떼 물풀을 흔드는구나

아이들 어릴 때는 고락을 함께 했는데

언제 결혼하여 편안한 생활을 하게 될런지

청년공원 호수가에서

　나이 먹은 사람들은 추억을 먹고 산다고 말한다. 뿐만 아니라 어느 곳에 가면 하나의 습관처럼 생각나는 것이 있다. 청년공원 동네에 오니 가족 생각이 났다. 유학 시절에 가족이 궁금하면 전화했던 것처럼 걱정이 되어 딸과 둘째 동생에게 전화를 했다. 전화 통화 몇 마디에 마음이 편해진다.

　천찐훼이陳俊輝 교수한테서 전화가 왔다. 1월 1일 오후 5시에 대만대학 앞에서 우쿤루鄔昆如 선생님과 함께 식사를 하자는 것이다. 그는 나와 동갑내기로서 내가 석사과정에 다닐 때 조교를 했고 박사과정은 나와 동기가 되었던 친구인데, 마음 써 줘 고마웠다. 도시락을 하나 사 가지고 와서 집에서 담근 김치로 저녁을 먹었다. 류띵柳丁을 15근에 100위안 주고 샀다. 예전에도 그랬지만 대만에서 일반인이 싸게 사먹을 수 있는 제일 좋은 과일은 류띵이다. 귤과 유자의 중간 맛이다.

아침 10시 30분 대만대학 앞에서 린안우林安梧 교수를 만나 선컹深坑에 있는 그의 웬헝서원元亨書院에 갔다. 징메이촨景美川이 내려다 보이는 곳으로서 전망도 좋은 아파트이다. 월 12,000위안한화 50만 원의 세를 내고 사용하고 있는데, 집값은 600만위안한화 2억 4천만 원 정도라고 한다. 서울 근교와 비슷한 것 같다.

서원개념으로 거실 한 가운데 공자상을 모셔 놓고 향불까지 피우며 제를 올리고 있다. 그가 10여년 전戊寅年 가을 한국

웬헝서원

징메이촨

린안우 교수와

에 왔을 때, 우리 집에 온 적이 있다. 그때 내가 린林 교수의 시문 중 유·불·도를 함께 중흥시키자는 뜻의 삼교동흥三敎同興을 줄여 교흥敎興이라고 써 준 것을 족자로 만들어 공자상 뒤편에 걸어두었다.

린 교수는 서원을 중심으로 매월 정기적으로 많은 교수와 대학원 생들이 모여 학문을 연구 토론하고 있다. 많은 도반道伴과 그런 낙원이 있다는 것이 정말 부러웠다. 서원의 형태나 연구 활동이 전통의 것과 많이 다르지만 그 속에서 추구하는 정신은 마찬가지이다. 그 앞에서 함께 기념사진도 찍었다. 웬헝서원 방문을 기념하여 린안우林安梧 교 수에게 시 한 수를 지어 주었다.

〈元亨書院 원형서원〉

元生太極開陰陽 원생태극개음양

亨育乾坤成萬芳 형육건곤성만방

利道聖賢垂教範 이도성현수교범

貞心德士揚眞光 정심덕사양진광

근원적 생명인 태극이 음양을 여니

생명을 기르는 건곤은 만물을 꽃 피운다

도리를 비루하는 성현이 교범을 내리니

마음을 닦는 선비는 진리의 빛을 드높인다

타이베이 원형서원에서

　　서원 이름을 『주역』의 원형이정元亨利貞에서 따다 지었기 때문에, 그것을 첫 글자로 사용하여 지은 것이다. 그랬더니 린林 교수는 나의 시 "山川樹木昔今同, 街道人情內外夷. 卄載回來隣不識, 公園熱鬧肺胸空."〈回顧〉를 차운하여 한 수 지었다.

日月星辰古今同 일월성신고금동

聖賢豪傑內外夷 성현호걸내외이

廿六年來猶默識　입육년래유묵식

山河妙有亦眞空　산하묘유역진공

일월성신은 고금이 마찬가지이듯

성현호걸은 심신이 정성스럽다

26년간의 교우관계 말없이 통하고

자연의 묘유 역시 진공과 같으니

　　우리는 서원 앞 동네에 있는 음식점에서 점심을 먹었다. 약간 새콤한 죽순요리가 나왔다. 이곳의 특산물이라고 하는데 죽순을 푹 삶아서 소금에 재워 6개월간 밀봉한 뒤 만든 요리라고 했다. 나는 그 친구에게 한중일 세 나라 교수들이 한시를 모아 함께 한시집漢詩集을 내자고 제안했는데 흔쾌히 동의했다. 오늘 오후에는 대만대학 논문 발표가 있기에 늦지 않게 서둘러서 왔다.

　　오후 3시 30분부터 5시 30분까지 대만대학 철학과에서 「시경과 공자인학」이란 논문을 발표했다. 교수와 학생들이 그리 많이 참석하지는 않았지만 비교적 깊은 관심을 보였다. 특히 린이쩡林義正 교수는 상당히 관심이 있었고 아울러 문화대학에서 발표할 「서경과 공자인학」이란 논문 초고라도 좋으니 달라고 했다. 린 교수에게 복사본을 하나

사또 · 뚜바오레이 · 린이쩡 교수와

주었다.

　논문 발표가 끝나고 사또佐藤 교수가 우리 부부와 한국 유학생 2명을 함께 초대하여 용허시永和市에 있는 숯불구이 집에서 저녁을 먹었다. 초면인데도 호의를 베풀어 주어 정말 고마웠다. 사또 교수는 서울대 정치학과에서 석사학위를 했기 때문에 한국어를 잘해 우리말로 대화를 했다. 저녁에는 옷이 젖을 정도로 비가 내려 택시를 타고 돌아왔다.

2008. 12. 30. 화.
타이베이, 흐리고 비. 15~17℃

아침에 야채 가게에서 배추 3포기50위안, 풋마늘15위안, 쩐주빠珍珠芭 3개25위안를 사가지고 와서 김치를 담갔다. 하루 종일 비가 내려 외출하기가 어려워 일찍 집으로 돌아왔다. 어제 린안우林安梧 교수의 웬형서원에 갔을 때의 시상을 시로 옮겼다.

〈元亨書院 원형서원〉

山寧谷靜水淸流 산녕곡정수청류

白鷺閑飛客自遊 백로한비객자유

俗世東西義有別 속세동서의유별

元亨天地物無疇 원형천지물무주

산골짜기 조용한데 맑은 시냇물이 흐르고

백로는 한가히 날고 손님은 자유롭게 거닐고 있다

속세의 물건은 그 의미가 유별한데

원형서원 주변은 온통 하나가 되었구나

타이베이 원형서원에서

아침에 담근 김치 한 통을 양리팡楊麗芳 선생에게 선물했다. 우리도 슈퍼에서 사 먹고 싶어도 너무 비싸서 엄두가 나지 않는다. 직수입한 한국 배추 한 포기 분량의 김치에 200~300위안우리 돈 8,500~12,000원 징도 힌다.

3일째 비가 내리고 있다. 대만은 겨울철이 우기이다. 비가 오면 습도가 높고 온도가 낮아 추위가 뼈 속까지 파고든다. 더구나 대만에는 난방 장치가 없기 때문에 추위에 익숙한 우리도 지내기가 힘들다. 점심에 대만대학 철학과에서 점심을 낸다고 한다. 아침에 일어나 루밍이엔鹿鳴宴을 배경으로 시 한 수를 지었다.

〈鹿鳴宴 녹명연〉

大學庭園聽鹿鳴　대학정원청녹명

師生賓客享文榮　사생빈객향문영

存心養性栽眞理　존심양성재진리

牽手協同繼道營　견수협동계도영

유학생 한경덕 · 박영우와

대만대학 교정에 녹명연이란 식당이 있어

교수와 학생 모두 그 혜택을 보는구나

양심을 보전하고 본성을 기르며 진리를 닦고

서로 협조하여 철학의 전당을 이어가야지

대만대학에서

린안우林安梧 교수가 메일을 보내왔다. 그의 메일에는 다음과 같은 구절이 있었다.

能得忘機 능득망기

能得心齋 능득심재

人生之樂 인생지락

何其可樂 하기가락

세상일을 잊을 수도 있고

마음을 가다듬을 수도 있다

인생의 즐거움을

어떻게 즐겨야 할까

대만대학 식당인 루밍탕鹿鳴堂의 루밍이엔鹿鳴宴에서 린이찡林義正, 사또佐藤將之, 뚜바오레이杜保瑞 교수와, 한경덕韓京憓 박사와 두 한국 유학생과 함께 점심을 먹었다. 우연히 옆자리에서 식사하던 푸페이롱傅佩榮, 천라이陳來, 베이징대학, 펑푸샹馬滬祥, 중앙대철학연구소 교수를 만났다. 푸페이롱, 펑푸샹 교수님한테는 대학원에서 중국철학을 배웠지만, 천라이 교수는 이름만 들었지 오늘 처음 만났다. 이제는 모두 이순의 나이를 넘어 학문적으로도 훌륭한 업적을 많이 쌓은 분들이다.

집으로 돌아와 뚜杜 교수가 고쳐준 논문을 재검토하여 수정했다. 새삼 중국어에 대한 나의 한계를 느끼며, 뉘앙스를 살리며 문장을 쓰

는 것은 어렵다는 생각이 들었다. 아침에 사온 스쟈釋迦라는 과일50위
안을 먹었다. 덜 익은 것은 껍질 부분에서 약간 떫고 잣 냄새가 난다.
나중에야 비로소 안 일이지만 뭉글뭉글할 때까지 완전히 숙성시킨 다
음에 속을 긁어 먹는 것이다. 완전히 익으면 아주 달고 향도 좋은 맛있
는 과일이다.

오늘은 2008년의 마지막 날이라 따이위꿰이戴郁軌 선생 내외가 우
리를 초대하여 함께 사범대 뒷골목의 한국식당에 가서 저녁 식사를 했
다. 벌써 중국 음식에 적응이 되고 있는 때문인지, 늘 먹고 살던 우리
음식인데도 짜고 매우머 맛이 강하다고 느꼈다. 식사 후 그분들의 집
에 가서 차를 마시면서 3번째 지은 시 〈효친〉을 부채에 써서 자녀들에
게 선물했다.

2009년 기축己丑년 새해 첫날을 타이베이에서 맞았다. 새해에도 모든 사람들의 하는 일이 만사형통하길 빌면서 신년쾌락新年快樂이란 글자를 맨 앞 자로 사용하고, 원형이정元亨利貞을 자안字眼으로 사용하여 시를 지었다.

〈新年快樂 신년쾌락〉

新生元大運　신생원대운

年德亨安通　년덕형안통

快適利康健　쾌적이강건

樂天貞命隆　낙천정명륭

새로 생겨나는 것은 크게 운이 트고

세월의 덕은 편안함에 통하리

유쾌함은 모두를 건강하게 하고

천성을 즐김은 운명을 융성하게 하리

靑年公園 아파트에서

저녁은 박사반 입학 동기인 천쥔훼이陳俊輝 교수가 초대했다. 그런데 만나는 장소가 어긋난 데다 전화까지 연결되지 않아 한 시간이나 길거리를 헤맸다. 그래도 천만다행으로 만났고, 꽁관公館에 있는 이야쉬易牙居에서 우군쿠 선생님과 함께 저녁을 먹었다. 천 교수는 이미 정년퇴직을 하고 시간 강의를 다니고 있다. 대만은 공직의 정년이 25년이기 때문이다. 퇴직한 이후의 기분이 어떠냐고 물었더니 편안하고 자유롭다고 대답했다. 저녁 식사 후 천陳 교수는 우리를 청년공원 아파트까지 태워다 주어 잘 왔다.

2009. 1. 2. 금.
타이베이, 흐림, 13~18℃

오늘 서울은 −8℃에서 1℃라고 한다. 요즘 타이베이도 추워서 지내기 힘들다. 난방시설이 전혀 없기 때문에, 기후에 습관이 안 된 우리는 잠잘 때는 너무 추워서 잠바를 입고 자야 한다.

아침에 대만대학으로 갔다. 1월 1일에는 쉬지만 2일에는 쉬지 않는 날이다. 그런데 요즘엔 탄력제 휴가라 하여 금요일인 오늘 하루를 쉬면 4일 연휴가 되기 때문에 연속으로 쉰다고 한다. 철학과 문도 닫히고 인터넷을 할 수 없으니 너무 답답해서 할 수 없이 물어물어 학교 앞에 있는 왕카網咖, 즉 PC방에 가서 이메일을 열어 봤다. 거기서는 나의 노트북으로는 인터넷 연결이 되지 않았다. 기술상의 문제였다. 그래도 이메일 본 것만으로 위안을 삼고 사진 9장54위안을 찾고, 타이베이처짠臺北車站에 가서 내일 아침 딴쉐이쩐淡水鎮으로 가는 지하철 타는 곳을 확인한 후, 걸어서 집으로 돌아오는 데 1시간 반이나 걸렸다.

　오는 길에 상무인서관商務印書館과 삼민서국三民書局에 들렀다. 그동안 많은 책이 나왔는데, 새로운 관점에서 쓴 것은 별로 보이지 않았다. 요즘은 책 인쇄가 고급화되면서 책 값이 3배쯤 비싸졌다. 집에 돌아와 나의 『오서백일송』, 『노자 81송과 전각』, 『한시로 만나는 제자백가』를 대만에서 출판하면 어떨까 생각해 보았다.

아침을 먹으러 걸어서 시먼띵西門町을 거처 헝양루衡陽路의 짜오지차이러우혼돈따왕趙記菜肉餛飩大王에 갔다. 자차이러우쓰미엔榨菜肉絲麵, 60위안과 시엔러우훈뚠미엔鮮肉餛飩麵, 60위안을 먹었다. 괜찮은 곳이어서인지 깔끔하고 맛이 좋았다. 다시 중화루中華路를 거처 집으로 왔다. 거의 2시간을 걸었다. 집에 돌아와 아내는 작은 배추 4포기를 사와 김치를 담갔다. 약간 매웠지만 그래도 한국 김치에 가까웠다. 우리나라에 있을 때는 이렇게 김치를 많이 먹지 않았는데 여기에 오니 김치만 있으면 한 두 끼니는 걱정이 없다. 큰 양은 냄비에 밥을 해서 금방 담근 김치로 저녁을 먹었다. 흐린 날이면 집 안이 오히려 춥고 밖이 더 따뜻할 때가 많다. 저녁에는 바람이 많이 불어 나가고 싶지 않았다.

오늘은 딸아이가 인천공항에서 오후 5시 30분에 출발하는 타이항 공으로 타이베이에 오고, 저녁에는 예전에 내가 가르쳤던 삼군대학三軍大學 한국어반 학생들과 저녁 식사를 같이 하기로 했다.

오후 3시 30분에 증원쟈曾文嘉, 장꿰이린張貴麟, 따이위꿰이戴郁軌 선생이 우리가 머물고 있는 아파트로 왔고, 좀 얘기를 나누다 식당에 가니 주홍샤오朱宏孝, 천쯔위엔陳志遠, 정윤도鄭潤道 교수가 와 있었다. 주홍샤오씨는 부인, 딸과 함께 까오슝高雄에서 왔는데 스쟈釋迦라는 과일을 한 박스나 사왔고, 장꿰이린씨는 차를 사왔다. 모두 고맙고 반가웠다. 참으로

스쟈

삼군대학한국어반졸업생과 함께

얼마만인가. 졸업 후 20년 가까이 되었으니 이젠 다들 중년의 나이에 안정된 모습들이다.

아내가 먼저 타이베이처짠臺北車站으로 나가 딸을 기다리는데 8시 경이면 도착해야 하는데 소식이 없어 나도 급히 택시를 타고 타이베이처짠臺北車站으로 갔다. 비행기가 연착이 되어 9시 반이 되어서야 도착했다. 버스를 타고 집으로 오면서 병원에 계시는 어머님께 전화를 드렸다. 어머님의 건강이 하루 빨리 회복되시길 마음속으로 기도할 뿐 당장 귀국할 수도 없는 형편이라 가슴이 답답하다.

2009. 1. 5. 월.
타이베이, 흐림, 17~20℃

오늘은 딴쉐이淡水에 사는 천陳 교수가 우쿤루鄔昆如 선생님과 나를 자기 집에 초대한 날이다. 그래서 아침 7시에 집을 나아 타이베이처짠 臺北車站에 가서 지하철을 타고 딴쉐이로 갔다. 가는 길에 선생님과 처음으로 함께 하는 여행을 기념하여 시 한 수를 지었다.

〈遊淡水 유담수〉

孔子和生遊舞雩　공자화생유무우

鄔師與我覽河水　오사여아람하수

江山不在多高深　강산부재다고심

樂水樂山悅大喜　요수요산열대희

공자는 제자들과 무에 놀러 갔는데

우쿤루 선생님은 나와 담수에 유람가네

강산은 높고 깊음이 중요한 것이 아니니

산수를 즐겨 기쁨을 얻으면 그 뿐이라

타이베이현 淡水鎭에서

천쥔훼이陳俊輝 교수가 딴쉐이짠淡水站 앞으로 차를 가지고 와서 자기 집과 텃밭으로 안내를 했다. 배추·마늘·샹차이香菜·지에란차이芥蘭菜 등을 뽑아 한 봉지 담아 주었다. 자기가 손수 지은 농사라서 농약을 주지 않은 것이라 했다.

그가 다니는 진예수교회眞耶蘇敎會로 갔다. 대만에는 교회가 그리 많지 않아서인지 한국의 여러 교회단체에서 많은 사람들이 온다고 한다. 1시간 정도 이야기를 나누다 해변가 관광지로 갔다. 모든 건물에 흰색 페인트를 칠한 것이 인상적이었다. 관광지로 개발한 깨끗한 환경이 한 눈에 들어왔다. 햇빛에 빛나는 파란 바다와 멀리 보이는 산과 구름들 모두가 그림에서 보는 남국의 어느 해변가였다. 식구들과 함께 왔으면 더 좋았을 거라는 생각이 들었다. 딸까지 왔는데 세 식구가 함께 가기에는 너무 미안한 생각이 들어서 혼자 갔다. 해변가에서 조개탕·광어회·탕·국수·굴튀김 등을 먹었는데, 특히 신선한 조개탕 맛이 좋았다.

진예수교회 근처 해변가

쫑쯔

식사 후 천 교수는 고산족 친구에게 전화를 하여 쫑즈粽子를 부탁하였다. 쫑즈는 불린 찹쌀에 돼지고기·밤·땅콩 등을 대나무 잎에 싸 쪄먹는 단오날 먹는 중국 음식이다. 쫑즈의 유래는 중국 초나라 굴원屈原, B.C.343~278*이 강에 투신하여 죽은 것을 애도하여 물고기가 굴원의 시신을 해치지 말고 대신 먹으라는 물고기 밥이다. 천 교수의 친구 집에서 1시간 반가량 이야기를 나누었다.

바닷가라서 그런지 비바람은 세차게 몰아치고 파도소리는 천지를 채웠다. 건축현장에서 쓰는 널판지나 목재 등으로 손수 지었다는 집은 넓고 아늑하여 심한 비바람에도 사는 데는 아무런 불편함이 없어 보였

* 북방문학의 대표는 『시경』이고, 남방문학의 대표는 『초사』이다. 『초사』는 한나라 때의 유향劉向이 편집한 책으로서, 굴원屈原, 본명은 屈平의 장편 서사시인 「이소」가 맨 앞에 나온다. 이소離騷란 굴원이 나라를 걱정 근심하여 이소를 지었다(故憂愁幽思而作離騷)는 『사기』 「굴원가생열전」의 말에 근거하여 '근심 걱정을 만난다' 는 뜻으로 해석한다. 「이소」는 굴원이 초나라 회왕懷王과 충돌하여 물러나면서 우국충정을 노래한 것이다.

다. 오후 4시 반이 되어 딴쉐이짠淡水站에서 전철을 타고 타이베이로 돌아왔다. 우쿤루鄔昆如 선생님과 작별을 하려니 발이 떨어지지 않았다. 스승과 제자가 언제 다시 만날 수 있을지 기약 없는 이별이 아쉬운 듯 비도 하루 종일 오락가락 내렸다.

오늘은 문화대학文化大學에서 「서경과 공자 인학」에 관한 논문 발표가 있는 날이다. 아침 일찍 일어나 준비를 하고 나는 아내와 딸과 함께 타이베이처짠 동문東門 앞에서 8시 50분에 문화대학 통근 버스를 타고 양밍산陽明山에 있는 문화대학으로 갔다.

산으로 올라갈수록 짙은 안개와 구름이 이슬비처럼 차 유리를 적셨다. 구름 속의 신선 세계 같은 신비감이 들었다. 한여름에도 시원한 곳이니까, 우기인 겨울에는 더욱 구름이 많은 지역이다. 10시가 좀 넘어서 왕지린王吉林 문학원장이 개회인사를 하고, 철학과 주임인 린짜오티엔林照田 교수가 사회를 보았다. 30명 정도의 학생과 몇 분 교수님들이 방청을 했다. 12시가 되어 끝났다.

짱용쥔張永儁 교수님은 인예仁禮니 인악仁樂이니 하는 개념은 처음 들어봤다면서 나에 대해 좋은 말씀만 해주셨다. 오랜만에 제자의 논문

문화대학 논문발표회에서

발표를 들으니 기분이 좋으셨던 모양이다. 양밍산 아래 쓰린土林의 츠다취喫茶趣에서 쨩용쥔 교수님께서 점심을 사주셨다. 상당히 운치가 있고 음식도 맛있는 집이었다. 본래는 찻집인데 식사까지 겸할 수 있게 바뀌었다고 한다. 점심을 먹고 나서 대만대학까지 쨩 교수님 지도 학생인 쫭위엔푸莊元輔가 태워다 주었다.

아침에 양밍산陽明山에 있는 문화대학文化大學으로 가면서 느낀 감상을 시문에 담았다.

〈中國文化大學 중국문화대학〉

雲林樓閣藏淸靜 운림누각장청정

양밍산 아래 쓰린의 츠다취에서

論學談仁無止境 논학담인무지경

究理探眞何可完 구리탐진하가완

隨師帶酒遊仙嶺 수사대주유선령

운림 속 중국문화대학엔 청정함이 깃들어 있고

학문과 진리를 논함에 한이 없구나

진리탐구에 어찌 끝이 있으랴

잠시 선생님 따라 술 한 병 들고 운산에나 놀러 갈까

中國文化大學 가는 길에서

짱용쥔張永儁 선생님께 국제항공으로 보내 드린 책이 전달되지 않았다고 하셨다. 책을 출판할 때마다 대학으로 보내 드렸는데 어떻게 이런 일이 일어났을까?

2009. 1. 7. 수.
타이베이, 비, 17~20℃

아침 9시에 우리 세 식구는 타이베이 고궁박물원故宮博物院 : 고궁 입장료는 1인당 160위안, 한화 6,500원에 갔다. 유학생 시절에도 여러 번 와 본 곳이지만 오랜만에 다시 와서 보니 모두가 새롭다. 딸에게 이것저것 설명도 해주면서 두 세 시간 정도 관람했다. 고궁박물원에는 관람객들에게 기념이 되도록 각 전시실마다 안내 카드를 비치해 놓고, 고무 인장을 그 카드에 찍어갈 수 있도록 했다. 딸은 그것이 무슨 큰 기념품이나 되는 듯 빼놓지 않고 고무인을 찍었다.

유물 관람을 마친 뒤 바깥으로 나왔다. 딸아이는 구름 사이로 모처럼 파란 하늘이 보이자 사진을 찍었다. 손바닥만큼 조금 보이는 것이지만 오랜만에 보는 것이라 반가웠던 모양이다. 겨울철 우리나라의 하늘은 거의 늘 파랗지만, 대만은 지금이 우기라서 파란 하늘을 보는 것은 귀한 일이다.

타이베이 고궁박물원

고궁박물원의 유물은 자세히 보려면 며칠을 봐야한다지만 우리는 고픈 배를 달래야 했기에 버스를 타고 내려와 점심은 쓰린야시장士林夜市場에서 뉴러우미엔牛肉麵을 먹고, 지단커즈지엔鷄蛋蚵仔煎, 50위안도 사 먹었다. 지단커즈지엔은 묽게 푼 전분에 굴과 계란을 넣어 만든 부침개인데, 음식 맛이 약간 느끼하여 아내와 딸은 아예 한 입도 먹지 못했다.

아침은 용허시永和市에 있는 40년 전통의 세계떠우쟝따왕世界豆漿大

王에서 떠우쟝과 만터우를 먹었다. 타이베이에서 가장 유명한 곳이기

때문에, 예전에는 사람들이 줄을 길게 섰지만 오늘은 한산했다. 나이

세계떠우쟝따왕

띠러구 입구

가 들면서 입맛이 변해서인지 아니면 기대가 컸기 때문인지 옛날처럼 맛있지는 않았다.

대만대학으로 가서 이메일을 확인하고 지하철로 신베이터우新北投까지 갔다. 지하철에서 내리자 유황냄새가 그곳이 바로 띠러구地熱谷임을 말해 주었다. 많은 사람들이 가길래 우리는 그들이 띠러구 가는 관광객일 것이라고 짐작하고 그냥 따라 갔다. 그런데 가는 길이 좀 이상하다는 생각이 들어 사람들에게 물었더니 자기네는 양밍산陽明山 등산객이고, 띠러구는 아래쪽으로 되돌아가야 한다는 것이다. 학문 활동도 많은 사람이 추종한다고 진리가 되는 것이 아니듯, 여행 역시 많은

띠러구

사람들이 간다고 무작
정 따라 갔다가는 길을
잃을 수도 있다.

오늘 기온은 20℃
정도이지만 기온 차이
때문인지, 띠러구에는
솥에서 김이 피어오르
듯 뽀얀 수증기가 골짜
기를 가득 메웠다. 예전

띠러구에서

에는 그곳에서 계란도 익혀 먹었는데, 이제는 난간을 만들고 계곡 바
닥을 정비하여 내려가거나 계란을 삶아먹을 수 없게 되었다.

띠러구 앞에서 점심을 먹고, 내려가는 길 가에 온천에서 나온 물이
흐르고 있었다. 물에 발을 넣어 보니 너무 뜨거워서 1초도 견디기 힘들
었다. 그래도 잠시 발을 뜨겁게 달군 덕분에 30분 정도는 발이 날아갈
듯 가뿐하여 기분이 좋았다. 그 때 딸이 찍은 나의 표정은 내가 보아도
우습다.

지하철을 타고 집으로 돌아오는 길에 딴쉐이짠淡水站에 잠깐 들린
후 바로 타이베이로 되돌아왔다. 어제 고궁박물원에서 유물을 돌아보
며 느낀 소감을 시문으로 완성했다.

〈故宮博物院 고궁박물원〉

靑銅白玉數千年 청동백옥수천년

妙樣奇形遺穩全 묘양기형유온전

彩畵金書失色紙 채화금서실색지

天功傑作何能塡 천공걸작하능전

청동기나 옥기들은 수천년이 되었어도

묘한 모양은 여전히 온전하다

채화나 글씨는 색깔과 종이가 떨어져

아름다운 모습을 잃어 어찌 고칠 수 있을까

타이베이 故宮博物院에서

  우리는 딸이 귀국하기 전에 맛있는 음식 한번 먹이기 위해 꽁관公館에 있는 이야쥐易牙居라는 음식점으로 갔다. 며칠 전 천쮠훼이陳俊輝 교수가 우리를 초대하여 저녁식사를 한 번 했던 곳인데 청결하고 음식도 맛있었기 때문이다. 중국 음식은 주문하는 것 자체가 상당한 경험이 있어야 한다. 그래서 우리는 지난 번에 먹었던 그 음식을 그대로 주문했다. 화띠오쮀이지花周醣醉鷄, 220위안, 승차이샤쑹生菜蝦鬆, 340위안, 난과하이시엔바오南瓜海鮮煲, 300위안, 하오여우지에란蠔油芥藍, 120위안 반찬에 우롱차烏龍茶, 15위안를 마셨다.

　저녁을 먹으면서 시를 한 수 지어 주
인에게 주고 왔다. 이야쥐易牙居는 중국
의 식신食神이라 불리는 역아易牙의 이
름을 따서 지은 것이다. 이야쥐에 대한
인상을 시문에 담았다.

이야쥐

〈易牙居 역아거〉

萬人街巷易牙居　만인가항역아서

菜味茶香滿市閭　채미다향만시려

過客來賓享大養　과객래빈향대양

開顔喜笑嗜饒餘　개안희소기요여

만인이 오가는 길거리에 역아의 집

음식의 맛과 향기 거리에 가득 찼다

지나는 길손 맛있게 잘 먹으니

웃는 얼굴엔 여유가 넘친다

타이베이 공관 易牙居에서

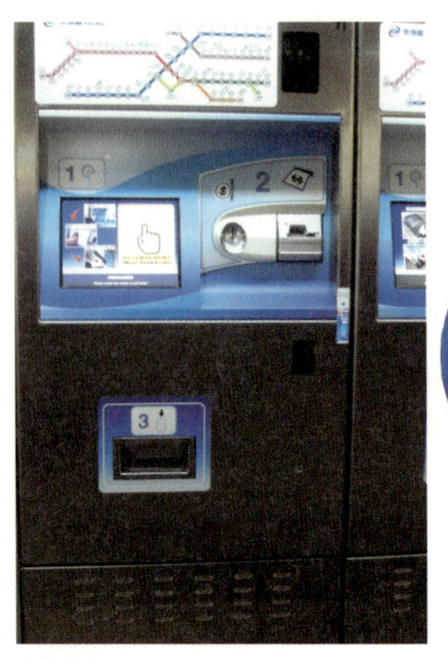

지하철표 자동판매기와 지하철표

　　꽁관公館에서 지에원捷運 : 지하철을 타고 중정기념당中正記念堂에서 시먼짠西門站으로 왔다. 지하철표는 동전형의 플라스틱이고, 자동판매기로 판매한다. 식품회사 전문매장인 신동양新東陽에서 러우쑹肉鬆 : 고기가루을 600g 사서 딸에게 주었다. 어릴 때 먹어 본 음식이라 너무 좋아하기 때문이다. 롱산쓰龍山寺 야시장을 구경하고 집까지 걸어왔다. 롱산쓰龍山寺에는 불경을 인쇄하여 무료로 가져가 볼 수 있도록 비치해 두었다. 돈 있는 사람들이 불교를 포교하는 공덕을 쌓기 위해 절에 기부한 책들이다. 나는 그 속에서 『반야심경』을 하나 찾아서 딸에게 주며 마음속에 잘 간직하라고 말했다.

오늘은 서운하지만 우리 딸이 귀국하는 날이다. 1월 3일 밤에 왔다
가 오늘 가게 되니 너무 짧은 시간이었다. 아침에 떠우쟝 2그릇, 리엔
우蓮霧 3개26위안와 롱궈龍果 1개40위안를 사 가지고 와 천쥔훼이陳俊輝
교수가 준 쫑즈粽子와 만터우饅頭를 쪄서 아침을 먹었다. 조금이라도
더 먹이려는 부모의 마음은 더 먹지 못하는
자식의 입을 보면서 안타까워하
는구나.

타이뻬이처짠臺北車站에서
딸은 9시 10분차로 중정中正
국제공항으로 가고 우리는 지
에윈捷運7을 타고 공관으로 갔
다. 학교 앞에서 사진을 인화

리엔우

해서 사람들에게 우편으로 보냈다. 다음 주 화요일 점심에는 철학과 조교가 식사를 같이 하자고 했다. 집으로 와서 만터우와 빠오즈를 저녁으로 먹었다.

아침에 일어나 대만선유臺灣仙遊라는 이름으로 그동안 지은 시 13수를 붓글씨로 정리했다. 대만을 출구하는 날 송산 국내비행장까지 지하철로 가면 어떨까 하여 예행 연습으로 가보기로 했다. 지하철역에서 내려 송산비행장까지 이동하는 거리가 너무 멀어서, 우리는 타고 간 지하철을 다시 타고 롱산쓰 역으로 되돌아왔다. 추가 요금으로 20위안씩을 더 냈다. 역에서 내려 집까지 걸어 왔는데 저녁에는 날씨가 너무 추워서 바깥에 나갈 엄두가 나지 않았다.

어제 롱산쓰龍山寺를 지나면서 밤낮으로 기도하는 많은 사람들을 보면서 느낀 소감을 시문으로 정리했다. 대만은 오늘부터 실내 흡연은 벌금이 1~5만 원이란다. 절이 온통 시커멓게 그을릴 정도로 피우는 향불의 매연은 무죄인가?

〈龍山寺 용산사〉

香煙塗黑龍山寺 향연도흑용산사

道廟本來淸靜地 도묘본래청정지

老佛聽祈不可休 노불청기불가휴

勞民求福無能棄 노민구복무능기

향불 연기에 검게 그을린 용산사

절은 본래 청정한 곳이 아니던가

오래된 부처님은 중생의 기도를 들어줌에 쉴 수 없고

살기 힘든 중생은 복 비는 것을 그만 둘 수 없구나

타이베이 龍山寺에서

아침 9시에 짱용줜張永儁 선생님 댁에 들러 『오서백일송』, 『노자81송과 전각』, 『한시로 만나는 제자백가』와 부채, 그리고 붓글씨로 쓴 대만선유 14수를 드렸다. 모처럼 나를 알아주시는 선생님과 이야기를 나누니 기분이 좋았다. 찡 교수님께서는 한 수 한 수 읽어 가시며 칭찬을 아끼지 않으셨다.

이링이(101) 빌딩

오는 길에 1번 버스를 타고 세계에서 제일 높다는 이링이101 빌딩으로 갔다. 이곳은 타이베이에서 가장 높은 빌딩으로 관광객들도 많이 찾는 곳이다. 건물 지하 식당에서 모처럼 맛있는 점심을 먹고 전망대 앞으로 갔다. 전망대 관람료가 1인당 400위안이다. 너무 비싸다는 생각이 들어 발길을 돌렸다. 보나 안 보나 뻔한 것인데 그런 많은 돈을 쓰고 싶지 않았다. 버스를 타고 오는 길에 예전에 여러 차례 구경 다녔던 옥시장이 보였다. 거기에서 내려 지엔구어난루建國南路 - 신이루信義路 - 런아이루仁愛路에 걸쳐 있는 옥시장과 화훼시장을 구경하고 핸드폰 고리 2개1개에 50위안를 샀다.

아침에 대만대학 연구실에서 천구잉陳鼓應 : 臺灣大學人文社會高等研究院 교수님께 전화를 드렸다. 마침 대만대하 우체국에 계셔서 직접 가서 뵈었다. 천 교수님은 중천中天 김충열金忠烈 선생님과 학교 다닐 때부터 친한 친구분이시기 때문에, 중천 선생님 1주기 추도학술회의에 오셔서 선생님과의 추억담을 말씀해 달라고 부탁드렸다. 점심을 먹고 집으로 돌아왔다.

이제 머지않아 이곳 타이베이를 떠날 생각을 하니 섭섭한 생각이 들었다. 시 한 수로 마음을 달래 보았다.

〈再見 재견〉

只思告別胸中痛 지사고별흉중통

會者定離何以慟 회자정리하이통

隔越才能再見來 격월재능재견래

我們不要說遙送 아문불요설요송

고별은 생각만 해도 가슴이 아픈 것

모이면 헤어지는 정해진 이치를 어찌 슬퍼할 것인가

멀리 떨어지면 다시 만날 수 있는 것

우리 서로 멀리 보낸다는 말은 하지를 말자

대만대학에서

점심 식사는 철학과 조교가 초대했다. 라이잉만賴盈滿, 천리칭陳麗卿, 장지에張姐와 함께 식사를 했다. 대만대학 근처의 차이웨이菜味라는 대만식 음식점이다. 아내와 함께 오지 않은 것을 무척 아쉬워했다. 밥은 양배추를 넣은 나물밥이어서 그냥 밥만 먹어도 될 것 같았다. 메뉴는 꿍바오지딩宮保鷄丁, 이엔휘여우지塩油焗鷄, 쟈탕바오茄腸堡, 티에반더우푸鐵板豆腐, 쏸바이차이리우쓰酸白菜肉絲, 띠과이에地瓜葉, 쏸라탕酸辣湯, 까오리차이판高麗菜飯이었다. 음식이 맛있고 입에도 맞았다. 식사 후 돌아와 철학과 입구에서 기념사진을 찍었다.

대만의 기초생활 물가는 우리나라의 절반에서 3분의 2정도 되는 것 같다. 버스비가 15위안한화 약 650원 택시 기본요금은 70위안한화 약 3,000원, 지하철 기본료 20위안한화 약 860원, 쌀 1Kg당 40위안한화 약 1,700원이다. 어느 것은 비슷하고 어느 것은 반값도 안 된다. 보통 아침 식사비로 35위안, 점심은 50위안 정도면 먹을 수 있다. 그런데 오늘 점심은 1인당 200위안약 8,600원 정도이니 성찬으로 충분히 먹고 남는다. 점심 식사비로 대만에서는 50위안한화 약 2,150원 정도이고, 우리나라는 5~6천원 정도이니 반값도 안 되는 것이다. 그렇다고 음식이 부실한 것도 아니니, 국민들의 최저 생활이 낮은 정도에서 관리되고 있는 것이다.

쓰레기 불법투기하면 4,500위안_{한화 약194,000원} 벌금으로 질서를 잡더니, 이제는 흡연 벌금은 1~5만위안_{1월 11일부터, 한화 약43만원~215만원}으로 역시 백성 길들이기에 성공할 것 같다. 기초질서를 엄벌로 규제하는 것이 우리와 크게 다르다. 금년 대만 1년 예산은 1조 8천억위안이라 한다. 그것은 한화로 약 77조원이니 우리나라 금년 예산은 300~400조인데 비하면 5분의 1밖에 안 된다. 경제 규모가 작아서 예산이 적을 수도 있고, 세금을 적게 걷어 백성 스스로의 역할을 크게 하는 것일 수도 있다.

2009. 1. 14. 수.
타이베이, 약간 흐림, 10~16℃

점심 때 한경덕 박사와 대만대학 철학연구소에서 공부하는 한국유
학생들과 함께 점심을 먹었다. 어제 철학과 조교들과 함께 식사했던
식당에서 같은 메뉴로 식사를 했다. 다른 음식은 어떤지 몰라 주문할
자신이 없었기 때문이다.

딸이 상하이한국학교로 발령이 나서 가야 한다는 메일이 왔다. 엊
그제 대만에 왔을 때만 해도 아무 말이 없어서 안 된 줄 알았는데 갑자
기 간다고 하니 챙겨줄 수도 없는 형편이어서 당황스러웠다. 정신없이
집으로 오는 길에 타이베이한국학교 교장을 찾아가 대략의 사정을 알
아보았다.

집으로 오는 길에 시장루西藏路에 있는 총여우삥蔥油餅 가게에 들러
총여우삥 한 판60위안을 사 가지고 돌아왔다. 이제는 더 사먹기 어렵겠
다는 아쉬운 생각이 들어 시 한 수를 지었다.

총여우빙 가게

〈蔥油餅 총유병〉

西藏路巷蔥油餅 서장로항총유병

卄載夢街漫憬影 입재몽가만경영

押扁加油煎十分 압편가유전십분

人人排隊拔長頸 인인배대발장경

서장로 골목의 총유병

20년 꿈속 길에 늘 떠올랐었지

납작하게 누르고 기름 친지 10분이면 되는데

사람들은 줄을 서서 목을 길게 빼고 있다

타이베이 西藏路市場에서

오랜만에 날씨가 맑고 따뜻했다. 타이베이에 와서 이렇게 맑고 따뜻한 날은 모두 일 주일 정도밖에 안 되었던 것 같다. 흐리거나 비 온 날이 20일 이상이었으니까. 이제 대만대학에 가는 것도 오늘이 마지막 날이다. 아내가 담근 김치 한 통을 조교에게 갖다 주었다. 그런데 자기가 초대한 식사에는 오지 않고 오히려 이런 선물을 주니 미안하다고 했다. 장지에張姐에게는 부채를 하나 선물했다.

학생 식당에 가서 점심을 먹고, 내가 대만에 처음 왔을 때 지냈던 대학원 제9기숙사 터를 돌아보면서 그 당시 기숙사 앞 저우산루舟山路에 있던 간이음식점이 생각났다. 속칭 싸과미엔집으로 불리었는데, 대만대학 학생이라면 모르는 사람이 없을 정도로 유명했던 곳이어서 사람들은 옛 추억을 그리워한다. 나도 그 주인의 행방을 물어 봤는데 지금은 어디서 무엇을 하는지 아는 사람이 없다고 한다. 그런 음식점과 기숙사 터는 쉼터로 되었고, 그 한 쪽에는 연못을 만들어 놓아 이제는 오리들이 한가히 놀고 있다.

연구실에서 잠시 쉰 뒤 조교에게 열쇠를 건네주고, 그동안 대만선 유臺灣仙遊라는 제목으로 지은 시 15수를 출력하여 철학과 교수님과 조교들에게 주었다. 헤어짐의 아쉬움이란 늘 이런 느낌일까?

집에 돌아온 후 시장루西藏路에 있는 총여우뼁蔥油餅 가게에 들러 어제 지은 시를 가게 주인에게 선물했다. 저녁엔 집주인 따이위꿰이戴郁軌 선생 부부를 초대하여 식사를 대접했다. 타이베이에서 우연히 다시 만나 이렇게 29일간의 생활이 안정되고 편안할 수 있게 해 준 그분들이 너무 고마웠다. 처음에는 많이 낯설고 힘들었는데 이제 정들고 익숙해지려 하는데 떠나야 할 때가 되었구나.

오늘은 쏭산松山 공항에서 국내선을 타고 진먼따오金門島로 가는 날이나. 아침 8시 10분에 따이위쩨이戴郁軌 선생이 차를 타고 9시에 공항에 도착했다. 수속을 마치고 작별인사를 하면서, 한 달 동안 내 집처럼 살게 해 주고, 끝까지 도와준 두 분께 감사했다.

오전 10시 5분 비행기가 이륙하여 10시 반에 타이쭝臺中 상공을 날아갔다. 항로는 대만 육지의 상공을 날아간 다음 타이쭝臺中에서 진먼따오金門島 쪽으로 건너갔다. 11시가 좀 안 되어 진먼따오에 도착하여 짐을 찾아 다른 사람들은 모두 갈 길을 가는데 우리는 일정이 정해지지 않아 공항에 있는 여행안내센터에 도움을 요청했다. 다행히 여행안내를 해주는 아가씨의 도움으로 민박집을 하나 소개받았다. 전화를 하고 얼마 지나지 않아 민박집 주인이 차를 가져와 타고 갔다. 공항에서 약 10여분 거리였다. 그렇지만 초행이라 꽤 멀게 느껴졌다. 우리가 한국인으로는 그 민박집의 첫 번째 손님이라고 한다. 여행 비수기 때문인지 우리 밖에는 다른 손님이 없었다주소: 金門縣 金城鎭 前水頭 6號. 주인 林金盛 柯盆如 30세 정도의 젊은 부부가 하는 민박집. 082-375-140, 0920-345-748. 1일 1,400위안. 열심히 사는 부부에게 〈新年快樂〉 원단 시문과 시를 한 수 지어주었다.

〈小倆口的番仔樓 소량구적번자루〉

幽渠坑道護人命 유거갱도호인명

停戰海邊野鳥詠 정전해변야조영

古屋新娘輔丈夫 고옥신낭보장부

高粱田圃又蕪盛 고량전포우무성

전쟁 때 깊은 갱도는 사람 목숨을 보호해주었지만

정전된 지금의 해변에는 새소리만 가득하다

고풍스런 민박집의 신부가 신랑을 보필하니

밭의 곡식들이 무성하구나

金門島 민박집 小倆口的番仔樓에서

아울러 한글로 평안과 환희라는 글자를 써 달라고 해서 써 주었다.

金門島 민박집 小倆口的番仔樓

오후에는 시내투어 버스를 타고 진먼따오金門島 관광을 하고, 저녁을
먹고 시내 중심가에 있는 우쟝서원浯江書院으로 갔다. 서원 후원에 주
자사당을 모시고 있는 서원이다. 우쟝서원은 이곳 금문도의 도덕과 문
화적 자존심을 지켜주는 정신적 지주 역할을 해왔을 것이다.

〈浯江書院 오강서원〉

浯江書院開金門 오강서원개금문

志士鄕賢展册文 지사향현전책문

嚴肅淸寧半德育 엄숙청녕반덕육

無言不語半仁薰 무언불어반인훈

文公祠廟守眞鎭 문공사묘수진진

街巷人倫自己分 가항인륜자기분

狗吠鷄鳴告日出 구폐계명고일출

野村百姓自然耘 야촌백성자연운

주자의 오강서원은 금문도를 교화시켜

지사와 현인들이 글공부를 하였다

엄숙청정함이 이미 반은 도덕교육이고

말없음도 이미 반은 인성교육이다

주자의 사당이 진리의 터전을 지키고 있으니

길거리 윤리가 저절로 분명해진다

개가 짖고 닭이 울어 아침을 알리니

백성들은 스스로 농사를 짓는다

金門島浯江書院에서

아침에 일어나 민박촌을 돌아봤다. 고풍스런 동네가 마치 옛날 중국에 와 있는 기분이 들었다. 민박집 주인이 떠우쟝과 국수탕, 구운빵을 사와서 맛있게 먹었다. 민박집의 구조는 밥을 해 먹을 수 있도록 주방 시설도 갖추어 놓았는데, 우리는 해먹을 재료도 없고 사먹을 음식점도 없기 때문에 주인이 신경을 써준 것 같다. 주인은 식사 후 우리를 샤먼厦門 가는 부두까지 데려다 주었다.

출국 수속비로 200위안을 냈다. 부두 출국장에서 출국 수속을 마치고 안으로 들어가니 진먼 고량주 전문 판매장이 있었다. 고량주는 진먼따오金門島의 대표 상품이다. 예전에는 구하기 쉽지 않았던 술이다. 이곳 출입국장에는 대륙 샤먼厦門에서 오는 사람은 많은데, 대륙으로 들어가는 사람은 비교적 적다. 정치적으로 삼통三通이 허용된 지 며칠 안 되었지만 이미 많은 사람들이 왕래를 하고 있다.

이번 대만여행은 대체로 기억 속에 있는 것을 하나하나 확인하는 추억여행이었다. 나이 먹으면 옛 이야기를 많이 한다더니 우리 부부 역시 그랬다. 한 해 한 해 늙어간다고 생각해서일까? 언제 또 다시 이곳에 올 수 있을까? 어쩌면 이번이 처음이자 마지막일 수도 있다는 생각에 조금은 아쉬운 마음이 들었다.

우리 부부가 젊은 30대를 고스란히 다 보냈던 타이베이, 17년 반 만에 돌아온 그곳은 여전했지만 가슴속이 쓸쓸하고 허전한 것은 웬일일까? 추억의 그림자를 더듬어 가듯이, 옛 자취를 찾아보아도 그 가슴은 메워지지 않았다. 공원에 가 보아도, 옛 길을 걸어도 가슴이 허전했던 건 무슨 이유였을까? 이젠 텅 빈 가슴에 가득한 것은 그리움뿐이다.

두번째 이야기

중국만유 中國漫遊

(여행기간: 2009.1.17~2009.2.18.)

錢塘人家

진먼金門에서 아침 10시 30분에 출발한 배편으로 낮 12시에 샤먼厦門에 도착했다. 해안선을 따라 지은 초고층 아파트가 빼곡히 들어서 있었다. 샤먼은 중국이 자랑하는 휴양 도시이다. 그런데 대만에서는 느끼지 못한 묘한 불안감이 들어 긴장이 되었다.

부두에서 입국 수속을 마치고 나가는 곳에는 상점이 있었는데, 주로 담배와 간단한 상품 몇 가지가 있을 뿐이다. 부두의 출입국관문을 나와서 같은 건물에 있는 식당에서 점심을 먹었다. 점심 값은 일인분에 15위안이었는데, 음식의 양과 가격이 별로였다.

부두에서 샤먼 시내 1일 투어를 175위안2인에 계약하고 호텔로 와서 짐을 풀고 호텔비로 125위안을 냈다. 우리는 여행사를 소개해준 사람을 따라 여행사에 가서 계약을 했다. 1월 18일~1월 25일까지 7박 8일간 우이산武夷山 → 난징南京 → 우시無錫 → 쑤저우蘇州 → 항저우杭州

→ 상하이上海까지의 여행에 두 사람 숙식 여비로 3,200위안한화로 65
만 원을 냈다.

　나중에 알게 되었지만, 실제와 많이 달라서 추가비용을 지불해야
했다. 계약시에는 입장료 등의 추가 항목을 말하지 않음으로써 여행
상품이 싼 것처럼 보이게 하려는 술수였던 것이다. 실제는 입장료가
많이 추가되므로 조심해야 한다. 우리처럼 현지에 가서 관광을 계약할
경우 반드시 직접 여행사를 찾아가서 계약해야 한다. 공항이나 부두
같은 곳에서는 속임수가 많으므로 조심해야 한다. 특히 추가 항목이
어떤 것인지 꼼꼼하게 확인해야 한다.

2009. 1. 18. 일.
샤먼, 맑음, 10~20℃

　오늘은 샤먼 1일 시내투어를 하는 날이다. 아침에 가이드와 봉고차가 와서 난푸퉈스南普陀寺, 입장료 3위안로 안내했다. 입구에 가자마자 대여섯 명의 걸인이 깡통을 들고 구걸하러 몰려드는 바람에 아내가 깜짝 놀랐다. 입구에 들어서자 사람들이 길게 줄을 서서 향불을 피워들고 소원을 빌고 있었다. 온 절이 향불의 연기로 가득 찼다. 절 뒤로 올라가니 아름다운 시문을 바위나 정자 기둥에 새겨놓고 금박을 입혔다. 난푸퉈스는 당나라 때 창건된 절이지만, 1684년 청나라 강희제 때 다시 중건된 것이다. 여러 면에서 우리나라 사찰과 비슷하다.

　내려오는 길에 불학원 쪽으로 두 스님이 가기에 이야기를 나누어 보려고 시 한 수를 건넸다.

난푸퉈스

〈禪 선〉

煩惱菩提海　번뇌보리해

業因解脫船　업인해탈선

衆人離俗世　중인이속세

我獨守塵緣　아독수진연

번뇌는 지혜의 터전이고,

난푸퉈스

업보는 오히려 해탈하는 원동력이라.

많은 사람들은 속세를 떠나는데,

나 홀로 속세의 인연을 지키리.

그런데 그 스님은 그것을 읽지도 못했다. 그래서 내가 읽어 주었는

데 무슨 뜻인지 이해하지도 못했다. 답답한 생각에 시 한 수를 지었다.

〈南普陀寺 남보타사〉

塵客贈詩僧不識 진객증시승불식

鄕民念佛何無惑　향민염불하무혹

彫岩刻石留文章　조암각석유문장

後世誰來破語默　후세수래파어묵

객이 시를 지어 스님한테 주었으나 읽지도 못하니

백성들이 염불함에 어찌 의혹됨이 없겠는가

바위에 문장을 새겼으나

언제 누가 와서 읽을 것인가

廈門 南普陀寺佛學院에서

여행 가이드는 9시 30분이 되었을 때 우리를 찻집으로 안내했다. 무료 차시음장이라 하며 안내한 곳은 관광객에게 차를 파는 해변가의 찻집이었다. 안으로 들어가니 젊은 아가씨들이 있었고, 그중에 한국말을 하는 아가씨가 와서 차를 대접하면서 차를 소개했다.

차 석 잔 대접하고 차를 사라고 한다. 제일 싼 것이 한 통에 200위안한화 40,000여 원이고, 보이차普洱茶는 400~500위안에서 비싼 것은 그 이상 많이 비쌌다. 사고 싶지 않았다. 차의 품질도 좋지 않거니와 가격은 턱없이 비쌌다. 삼칠차三七茶라는 것은 장뇌인삼의 어린 열매를 말린 것이라 하는데, 일반 삼의 열매를 말린 것일 수도 있다. 지난

해 중국차밭에서는 금지된 농약을 사용하고 있다고 TV에서 보도했다. 그런 농약 문제뿐만 아니라 보통 시장 가격보다 최소한 4~5배 이상 비싼 가격이다. 우리는 차 한 잔 마신 게 미안하여 과자 두 봉지를 샀다30위안. 그러나 과자는 돌이 씹혀서 먹을 수가 없었다. 옛 속담에 공짜가 제일 비싸다는 말이 있다. 싼 것은 싼 것 이상의 대가를 치러야 하기 때문이다.

찻집에서 나와서 옆에 있는 해변에서 잠시 쉬고 있는데 가이드가 무료로 발마사지하는 곳으로 안내했다. 우린 맛사지를 하지 않고 그냥 나왔다. 맛사지야 공짜이지만 약을 파는 곳이기 때문이다. 세상에 공

해변에서

샤먼대학

짜가 어디 있겠는가? 샤먼 시내관광은 여행사에서 간다고 했던 코스가 모두 입장료를 별도로 내야 하고, 입장료도 일인당 100~200위안이나 된다. 속았다는 느낌이 들어 너무 실망스러웠다.

너무 실망스러워서 가이드에게 샤먼대학厦門大學으로 데려다 달라고 해서 대학을 돌아보며 쉬었다. 샤먼대학 교정이 관광 명소보다 훨씬 마음이 여유롭고 편했다. 점심은 학생식당에서 먹었다. 밥 3위안서너 공기나 되는 양, 반찬 4위안으로 두 사람이 배불리 먹었다. 만터우는 0.5위안이어서 3개를 사서 간식으로 준비했다. 우리 돈 1400원으로 두 사람이 점심을 해결할 수 있다면 중국은 백성들의 먹고 사는 문제

샤먼대학 교정

를 해결한 것이다.

1시쯤 되어 여행사에 전화해서 비행장으로 데려다 달라고 했다. 이미 지불한 175위안이 아깝지만 모든 일정을 취소하고 공항으로 갔다. 샤먼대학에서 공항까지는 14Km로 30분 정도 걸렸다. 시내관광요금으로 지불한 175위안은 공항 가는 차비 정도로 생각해야 했다.

우이산武夷山 가는 비행기 시간은 오후 5시 05분인데, 우리는 1시 반에 도착했으니 무료한 긴 시간을 보내야 했다. 넓은 공항에 돈 주고 사 먹는 물 이외에 따뜻한 물 한 잔 먹을 곳이 없었다. 여기저기 찾아보니 다행히 한 모퉁이에 찬물과 더운물 나오는 곳이 있어 겨우 물 한 잔을 마셨다. 중국에 와서는 물 한 잔 마시는 것도 최소한으로 조절해야 한다. 물을 사 먹어야 하는 것 이외에 화장실 가는 것 역시 불편하기 때문이다.

원래는 5시 05분 비행기인데 승객이 다 탔는지 4시 55분에 이륙을 했다. 샤먼에서 우이산까지는 360Km로서 40분 정도 걸려 5시 35분에 도착했다. 가이드가 마중을 나왔다. 가이드인 주싱왕朱興旺, 27세이 믿음이 가게 설명을 해주었다. 그러나 아내는 우리가 여행단에 합류해서 단체 여행을 할 줄 알았는데 우리 둘뿐이라고 하니 불안해했다. 그도 그럴 것이 어제 샤먼에서 너무 속았기 때문이다. 오늘은 참 길고 고단한 하루 일정이었다. 중국 여행에 대한 준비가 적은 우리는 마치 서바이벌 게임을 하고 있는 것 같았다.

우리는 아침을 먹고 우이산武夷山으로 갔다. 우이산은 푸지엔성福建省 북쪽 끝에 위치해 있는 국가 관광지이다. 시내 빈관에서 입구까지는 차로 10분 정도 밖에 안 걸렸다.

우이산 정문에서 계곡 중간까지는 연결차를 타고, 중간부터는 걸어서 갔다. 그 곳의 명물은 차茶＊이다. 바위산 골짜기에서 명차가 생산되기 때문인지 건륭황제가 황제의 다원이라는 휘호를 내려 어다원御茶園이라고 바위에 새겼다. 우이산에서 생산되는 차 중 가장 유명한

＊ 중국 10대 명차는 항저우杭州의 용정차龍井茶, 안시시엔安溪縣의 안계철관음차安溪鐵觀音茶, 쓰촨성四川省 蒙山의 몽정차蒙頂茶, 장쑤성江蘇省 太湖의 벽라춘차碧螺春茶, 안훼이성安徽省의 황산모봉차黃山毛峰茶, 푸지엔성福建省의 백호은침차白毫銀針茶, 타이완성臺灣省 鹿谷鄕의 동정오룡차凍頂烏龍茶, 후난성湖南省 동정호의 군산은침차君山銀針茶, 안훼이성安徽省의 기문홍차祁門紅茶, 윈난성雲南省의 보이차普洱茶라고 한다. 사람에 따라 무이산의 대홍포나 무이암차를 포함하기도 한다.

우이산 정문

차는 대홍포大紅袍와 무이암차武夷岩茶이다. 티엔여우펑天遊峰을 올라가
는 길 중턱에도 차 밭이 있다. 사방이 바위로 둘러싸인 곳에 몇 십 평
밖에 안 되는 작은 차밭이 하나 있다. 신선의 차밭일까?

계곡의 바위 골짜기를 따라 올라간 곳은 우이구곡에서 제일 명소
인 제 6곡의 티엔여우펑天遊峰이다. 천유天遊란 유유자적한다는 뜻으로
서, 『장자』「외물」에 나오는 "마음속에 유유자적하는 여유를 갖추고
있다"는 "심유천유心有天遊"라는 말에서 유래한 것이다.

티엔여우펑은 해발 408m의 바위산 꼭대기를 말한다. 산은 역암礫
岩으로 된 돌산인데, 정상까지는 돌을 파서 888개의 계단을 만들고,

티엔여우펑 ↑ →

계단 양쪽에는 시멘트로 안전대를 설치했다. 매우 가파르지만 그런대로 안전하게 해 놓았다. 그렇게 맨 처음 티엔여우펑을 개척한 사람은 중국 역사상 가장 장수한 팽조彭祖와 그의 두 아들 무武와 이夷라 한다. 그래서 산의 이름을 팽조의 두 아들 이름을 따서 우이산武夷山이라 지었다고 한다. 그것을 시문으로 담았다.

〈天遊峰 천유봉〉

武夷六曲天遊峰　무이육곡천유봉

彭祖開山建道宮　팽조개산건도궁

虎嘯龍吟充霧海　호소용음충무해

淡香朴味滿仙翁　담향박미만선옹

무이산 제 6곡의 천유봉에

팽조가 개산조開山祖가 되어 도관을 지었구나

풍운이 일어나 운해를 채우고

차의 맑고 소박한 향기가 신선을 만족스럽게 하는구나

武夷山 天遊峰에서

우리는 티엔여우펑을 내려와 우이서원武夷書院으로 갔다. 우이서원

티엔여우펑 정상에서

이란 이름은 본래 주자朱熹, 1130~1200가 우이정사武夷精舍라고 한 것을 후대에 고친 것이며 건물 역시 모두 새로 지었다. 주자가 사서집주四書集註를 완성한 곳으로서 역사적으로 의미가 깊은 곳이기 때문에, 신축하면서도 우이정사의 옛 건물 벽 두 군데를 보존하고 있었다. 그렇게 주자가 우이산에서 말년을 보낸 인연으로 우이산은 도교道敎의 성지에서 유가儒家의 성지로 바뀌었다. 우이서원을 배경으로 한 수 지었다.

〈武夷書院 무이서원〉

武夷精舍朱文公 무이정사주문공

우이서원

강원정문

集註完成經順通 집주완성경순통

敎道修文不達義 교도수문불달의

聖門弟子爲盲聾 성문제자위맹롱

人倫道德本公物 인륜도덕본공물

大衆不知卽白空 대중부지즉백공

由己爲仁進一步 유기위인진일보

半行半讀啓童蒙 반행반독계동몽

무이정사의 주자가

『사서집주』를 완성하니 경문이 통하게 되었구나

도를 가르치고 학문을 닦는데 의미에 통달하지 못하면

아무 소용이 없는 것

인륜도덕은 본래 공물이니

대중이 모르면 단지 공허한 것

인의를 행함에 진보가 있으려면

반은 실천하고 반은 글공부하여 어리석음을 깨우쳐야 한다

우이산 武夷書院에서

우리가 묵고 있는 원빠오대반점文寶大酒店 앞의 비석에는 "차소진려하수주, 호온칭향불필회茶消塵慮何須酒, 壺蘊淸香不必花"라는 글귀가 있었다. "차가 이미 번뇌를 씻어주었으니 술이 어찌 필요하며, 차호에 맑은 향기가 나는데 꽃이 어찌 필요한가"라는 뜻이다. 이곳이 차의 고장이라서 그런 시구를 새겨둔 것 같다.

아침을 먹고 우이산 후샤오빠징虎嘯八景으로 갔다. 바위산인 후샤오이앤虎嘯巖에는 관세음보살상

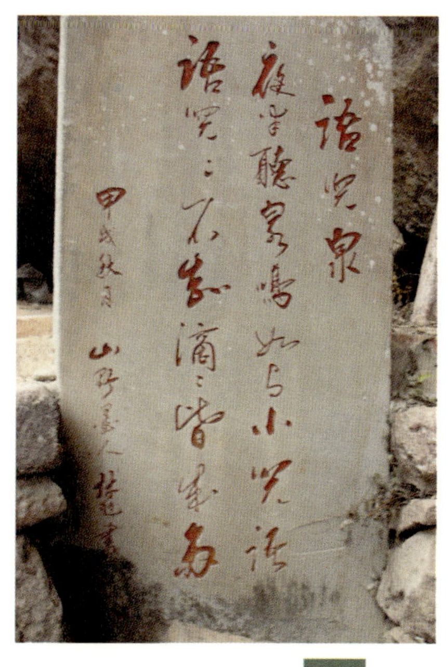

호샤오이엔 보살상 옆 비석

이 조각되어 있다. 후샤오이앤 보살상 옆의 비석에 시문이 새겨져 있었다. 글씨도 좋아 사진을 찍었다. 그 내용은 바위틈에서 떨어지는 물소리를 어린애 옹아리하는 것에 비유한 시였다. 시비의 글씨 역시 훌륭했다.

〈語兒泉 어아천〉

夜半聽泉鳴　야반청천명

如與小兒語　여여소아어

語兒兒不知　어아아부지

滴滴皆成黍　적적개성서

한밤중에 샘물 떨어지는 소리를 들으니

어린아이와 함께 말하는 것 같다

떨어지는 줄도 모르는 물방울

방울방울 떨어져 모두가 곡식 낱알이 되는구나

작자 미상

후샤오이앤虎嘯巖 암벽을 돌아가는 옆 벼랑에서 한 두 뼘쯤 되는 막대기로 벌어진 바위틈이나 바위 밑을 괴어 놓은 것을 보았다. 지나는

국태민안을 비는 풍속

길목 여기저기에 그런 것이 있었다. 이번 여행에서 본 것 중 그 어떤 것보다도 가장 인상 깊은 것이다. 나도 나뭇가지 하나를 주워 바위 밑을 받쳐 놓았다.

가이드에게 물으니 중국인들이 국태민안國泰民安을 비는 풍속이라 했다. 한 두 개의 나뭇가지로 산더미 같은 바위를 지탱할 수가 있겠는가? 나라를 염려하며 지키고 유지하는 온 백성의 마음 또한 그와 같을 것이다. 나는 그 나뭇가지를 우이산의 나무젓가락이라는 뜻으로 우이콰이즈武夷筷子라고 이름을 붙였다. 그런 시상을 시로 표현해보았다.

武夷山 虎嘯巖을 지나면서 본 바위받침 나뭇가지

〈武夷心景 무이심경〉

細枝軟葉構山野 세지연엽구산야

連柱結橡建大廈 연주결최건대하

素白茶花養萬民 소백다화양만민

武夷筷子撑天下 무이쾌자탱천하

가느다란 가지와 작은 이파리가 산야를 이루고

기둥을 연결하고 서까래를 얽어 큰 집을 짓듯

하얀 꽃 피는 차 잎은 백성을 먹여 살리고

무이산의 바위받침 나뭇가지는 천하를 지탱한다

武夷山 虎嘯巖을 지나면서 본

바위받침 나뭇가지를 보고서

호텔로 돌아와 점심을 먹고 우이武夷 기차역으로 갔다. 난징南京 서역까지 가는 기차표 잉워硬臥, 딱딱한 침대열차 값이 1층은 232위안 2층은 225위안이다. 우이짠武夷站에 12시 반에 도착하여 5시 14분까지 기다리려니 앉아 쉴만한 곳도 없다. 회장실도 야외에 있는 것뿐이어서 불편하다. 역사 안으로 들어가려는데 위험물 검사 때문에 X-ray 검사를 받았다. 역사 안에는 뜨거운 물이 나와 차도 타 마실 수 있다. 기다리는 것이 지루하여 다시 바깥에 나와 시장에서 귤과 부침개, 그리고 구운 빵을 샀다. 귤은 맛있게 먹었으나 부침개와 빵은 너무 짜서 반도 못 먹었다.

기차를 탈 때는 군대에서 병사들을 인솔하듯 역무원이 호각을 요란하게 불면서 열차의 위치에 따라 각각 줄을 세웠다. 기차 안에서 왕샤오지엔王小健이란 중국 젊은이를 만났다. 우리 아들과 동갑내기 청년이었다. 침대도 우리에게 아래쪽을 양보하고 자기가 2층으로 올라갔다. 아들 대하듯 많은 인생 이야기를 들려주었더니 자기 부모님 같

다며 잠시 쉬는 역에서 그 지역의 명물이라며 닭다리 튀김을 사 주어

맛있게 잘 먹었다.

　　밤 열차로 가던 중 아침 6시경 쑤저우蘇州를 지날 때 기상했다. 고난한 여행이지만 침대열치이기에 그래도 잘 쉬었다. 어제 저녁에 지은 시를 옆 사람에게 읽어 주었다. 외국인이 한시를 지으니 신기한가보다. 이 지역은 평원이라서 그런지 끝없는 벌판뿐이다. 대평원을 지나며 시 한 수를 지었다.

〈丹陽 단양〉

無山無岳大平原　무산무악대평원

無屋無花不識坤　무옥무화불식곤

天地和諧何須說　천지화해하수설

已經曉氣噴雄渾　이경효기분웅혼

산이 없는 대평원

집과 나무가 없으면 어디가 땅인지 알 수가 없구나

천지의 조화를 말할 필요가 어디 있겠나

이미 새벽의 기상이 생기를 뿜어내는데

江蘇省 丹陽을 지날 무렵

아침 9시가 되어서야 난징南京 서역에서 내렸다. 같은 칸에 탔던 청년이 자기의 무거운 짐이 있었음에도 불구하고 우리들에게 도움을 주려고 애를 많이 썼다. 역에 도착하여 우리가 난징에서 합류해야 할 가이드에게 전화까지 해주었다. 그런데 여행 가이드는 30분 이상 먼 거리에 있는 푸즈먀오夫子廟, 즉 공자의 文廟까지 오라는 것이다. 날씨는 비가 오락가락하고 택시도 못 잡고 헤매였다.

우리는 할 수 없이 푸즈먀오 가는 시내버스1인 2위안를 탔다. 대학생으로 보이는 젊은이가 자리를 양보해주며 푸즈먀오 가는 길을 자세히 알려주었다. 정신없는 상황에서 너무 고마웠다. 30여 분이 지나 푸즈먀오 정문에 도착했는데, 가이드는 또 다른 곳으로 찾아오라고 한다. 거기는 관광지이기 때문에 사람들이 많이 오가는 곳이다. 우리는 짐을 끌고 메고 찾아다니다 천신만고 끝에 여행 가이드를 만났다.

이제는 살았구나 하는 생각이 들었다. 그러면서도 오는 과정에서 너무 고생도 많이 했고 황당하여, 아내는 결국 화를 참지 못하고 폭발하고 말았다. 그러자 가이드는 변명인지 진심인지 우리를 중국 사람인 줄 알고 그랬다며 정말 미안하다고 사과했다. 샤먼夏門의 여행사에서 자세한 정보를 주지 않아서 그렇게 되었다는 것이다. 당연히 자기네가 난징서역까지 와서 우리를 태우고 왔어야 하는데, 아무것도 모르는 여행자에게 자기들이 있는 곳으로 오라고 했으니 잘못 해도 한참 잘못한 것이다.

잠시 후 알고 보니 푸즈먀오 앞에서 같이 합류한 사람이 우리 말고 베이징에서 온 일가족 5사람외할머니, 두 딸과 그들의 두 아들이 있었다. 그렇게 하여 함께 여행을 하게 된 사람은 모두 5가족 14명어린이 3명, 어른 11명, 한국인은 우리 두 사람이다. 나는 난징南京에서 우시無錫로 가는 길에 베이징에서 온 아이들에게 시 한 수를 지어 주었다.

〈旅遊 여유〉

闔家歡喜度寒假 합가환희도한가

放筆下書遊廣野 방필하서유광야

望岳觀湖御大鴻 망악관호어대홍

開胸闊氣驅天馬 개흉활기구천마

전 가족이 함께 겨울 여행을 하니

잠시 책을 덮고 광야를 달려보자

산과 호수를 바라보며 큰 꿈을 꾸고

가슴을 활짝 열고 기개를 펼쳐보자

南京과 無錫을 함께 여행한 베이징 소년에게 준 시

난징南京에서는 국민당 정부 총통부를 보았고, 같은 곳에서 홍슈첸 洪秀全의 태평천국太平天國 궁궐도 보았다. 두 곳을 돌아보면서 부귀영화는 얻는 것보다 지키는 것이 훨씬 어렵다는 생각이 들었다.

저녁에는 우시無錫에 있는 링산대불사靈山大佛寺로 갔다. 지은 지 몇 년 되지 않았지만 규모는 대단히 컸다. 불전 앞 가운데 돌계단은 약간 붉은 갈색의 돌나중에 알았지만 그것은 취푸曲阜에서 생산되는 석회석이다로 채운 것을 보고 무슨 특별한 의미가 있는 것은 아닐까 하는 생각이 들었다. 저녁 식사 후 우시에 있는 호텔에서 숙박을 했다. 이번 여행에서 가장 긴장하고 힘든 날이어서 그랬는지 너무 피곤했다.

아침 6시 반에 아침을 먹고 7시에 출발하여 영화촬영지로 갔다. 우시無錫의 타이후太湖 기에 영회촬영지로 조성한 위·촉·오 삼국성魏蜀吳 三國城에서 오나라 궁궐 모형을 보았고, 수군의 모형이 있는 부둣가에서 유람선을 타고 호수를 한 바퀴 돌아보았다. 지금 우리는 유람선 타고 즐기고 있지만, 삼국시대에는 수군이 전함을 타고 얼마나 두렵고 고통스러웠을까?

날씨가 흐리고 안

영화촬영지

무술공연장

개까지 끼어서 쌀쌀했다. 영화촬영장이라 그런지 여기저기에는 옛날 병사 복장을 한 사람들이 말을 타고 다니거나 창과 칼을 가지고 다녔다. 무술공연장에서는 전투 장면을 연출하고 있었다.

여기에도 한국 관광객이 많이 와서인지 안내판에는 한국어가 병기되어 있다. 빈자소인貧者小人이란 말처럼 돈 없는 사람은 무시당하기

후츄우산 원옌쓰탑 입구

쉽다. 우리 나라의 국력이 커지면서 외국에서 대접해 주는 것을 보면 더욱 더 분발해야 할 것 같다. 점심때가 되어 타이후太湖 근처의 진주 전문상점을 둘러보고 그 곳의 식당에서 점심을 먹었다.

점심 식사 후 쑤저우蘇州에 있는 후츄우산虎丘山으로 갔다. 후츄우산 원옌쓰탑虎丘山 雲岩寺塔을 보고서야 15년 전쯤 한산사를 보러 왔을 때 본 기억이 났다. 원옌쓰탑은 중국의 피사사탑이다. 많이 기울어져서 언제 무너질지 모르는 탑이다. 쑤저우에는 산이 거의 없으니 후츄우산만 해도 산이라 할 수 있다.

후츄우산 일대는 월나라 구천이 3년 동안 감옥살이를 하면서 와신

상담臥薪嘗膽한 곳으로서 그야말로 유서 깊고 고사도 많은 곳이다. 그 곳 중앙에는 천인석千人石이란 넓은 바위가 있는데, 전설에 의하면 천 명이 앉아 놀던 곳이라는 이야기와, 오왕 부차夫差와 그의 간신 백비伯嚭가 능의 비밀이 새나갈 것을 염려하여 능을 건설한 공인 천명을 죽인 곳이라는 이야기도 있다. 그를 주제로 짱지張繼의 〈풍교야박〉楓橋夜泊의 시운을 차운하여 한 수 지었다.

〈楓橋夜泊 풍교야박〉

月落鳥啼霜滿天　월락오제상만천

江楓漁火對愁眠　강풍어화대수면

姑蘇城外寒山寺　고소성외한산사

夜半鐘聲到客船　야반종성도객선

달이지자 까마귀 울음소리와 찬 서리 온 세상에 가득한데

강가의 단풍나무와 고기잡이배의 불은 마주보며 깜빡인다

고소성 바깥의 한산사

한 밤중의 종소리 여객선에 이르는구나

작자 : 唐, 張繼

〈虎丘山千人石 호구산천인석〉

吳國古都還霧天　오국고도환무천

夫差伯嚭何安眠　부차백비하안면

虎丘山頂雲岩寺　호구산정운암사

託佛祈求皆渡船　탁불기구개도선

오나라의 옛 도읍지는 아직도 슬픈 이야기가 전해지는데

오나라 왕 부차와 간신 백비는 어떻게 편안히 잠을 잘 수 있

을까

호구산정의 운암사

부처님의 자비를 빌어 모두 피안의 세계에 이르길 기도한다

蘇州 虎丘山 雲岩寺에서

　그 다음 세계문화유산이 된 스즈린獅子林에 들렀다. 쑤저우 4대 명원 중 하나이다. 괴석이 마치 사자 모양을 하고 있다고 하여 붙여진 이름이다. 건륭제재위기간 1735~1795도 수차례 놀러 왔고, 그곳에 진취眞趣라는 이름의 편액 글씨를 남겨 전해오고 있으며, 지금은 그곳을 하나의 공간을 만들어 쩐취팅眞趣亭이라 부른다.

　그 곳에는 이미 매화가 피기 시작하여 쑤저우 지역의 매화나무 분

진취

재를 전시하고 있었다. 굵은 매화나무 밑동에 어린 가지를 접목하여
한 나무에 홍매·청매·백매 등 여러 색깔의 매화를 함께 피게 한 것
도 있었다. 자연에 뿌리박고 살지 못하는 것도 힘들텐데, 이종의 나뭇
가지를 접붙여 놓았으니 얼마나 힘들까? 사람마다 느끼는 바가 다르
겠지만, 우리 인간들의 욕심이 지나친 것은 아닌지. 스즈린에서 시 한
수를 지었다.

〈獅子林 사자림〉

奇形迷路有眞趣 기형미로유진취

一朶梅花已雅裕　일타매화이아유

藝術精神守自然　예술정신수자연

日常品外無虹具　일상품외무홍구

기형의 바위돌과 미로의 정원은 재미있지만

한 송이 매화로 우아함은 충분하다

예술정신은 자연스러움을 지키면 되는 것

소박한 일상 용품보다 훌륭한 물건은 없으리

蘇州 獅子林 眞趣亭에서

그곳에서 저우장周庄이란 중국 민속촌으로 갔다. 저우장은 인공 수로를 따라 마을을 이루고 있는 물의 도시답게 옛 모습 그대로를 잘 보존하고 있는 고도古都이다. 베이징北京의 이허위엔頤和園에 있는 물가 가옥도 이곳을 본 떠 만든 것이다. 현재 살고 있는 사람들의 모습 속에서 옛 사람들의 모습을 그려볼 수 있었다.

그곳을 돌아보고 나와서 저우장 앞에

매화나무 분재

시탕 중국민속촌

있는 선팅沈廳*의 전통 요리집에서 완산티萬三蹄를 먹었다. 완산티는 우리나라의 족발찜과 비슷한데 우거지를 넣고 조린 것으로서 고기는 훨씬 무르다. 우리 입맛에도 잘 맞는다. 저녁을 먹은 후 쑤저우 시내의 호텔로 돌아왔다.

* 명대 초기1436~1449년에 지은 장팅張廳과 청나라 초기1742년에 지은 선팅沈廳이 있다. 장
  팅의 본래 이름은 이순당怡順堂이었는데, 청나라 초기 장씨張氏가 구입하여 옥연당玉燕
  堂이란 이름으로 바꾸었고, 선팅은 강남의 제일 부자였던 선완산沈萬三의 후손이 지은
  집이다.

밤에는 날씨가 추워서 에어컨을 난방으로 틀어 놓고 잠을 잤다. 상하이에서도 그렇고 여기서도 역시 에어컨으로 난방을 한다. 밤새 바람이 불고 소리가 나서 비가 온 줄 알았더니, 바람에 대나무 잎들이 부딪치는 소리였다. 날씨가 영하였다. 바람까지 불어 중국 와서 가장 추운 날이다.

아침을 쑤저우蘇州 즈위엔판디엔植園飯店에서 먹고 이싱차후宜興茶壺 상점으로 갔다. 특히 이싱宜興에서 나는 자흑황록청紫黑黃綠紅 등 5가지 색깔의 원석을 가루로 만든 다음 다기를 빚어낸다고 한다. 그렇게 만든 이싱차후는 천하명기天下名器가 되어 중국인들의 사랑을 받고 있다. 비싼 것은 한 세트에 한화로 수 천 만원 호가하는 것도 있다. 그런 다기로 차를 마신다면 차 맛은 과연 어떠할까? 이싱차후를 주제로 한 수 지었다.

〈宜興茶壺 의흥다호〉

五色陶沙出妙器 오색도사출묘기

泡茶倒水噴淸氣 포다도수분청기

心身不可無怡和 심신불가무이화

修道作工得撫慰 수도작공득무위

오색의 다기 재료는 묘한 그릇이 되고

다호에 따뜻한 물을 부으니 맑은 향기가 넘쳐난다

심신은 즐거운 기운이 없으면 안 되니

수도하는 자나 일하는 자나 위안을 얻는구나

蘇州 宜興茶壺賣場에서

12시가 되어 항저우杭州에 도착했다. 말로만 듣던 항저우 시후西湖였다. 시후 옆에는 뢰이퐁탑雷峰塔이 있는데, 그것은 최근에 다시 중건한 것이라 한다. 수십 미터 높이의 탑 꼭대기 장식물에 금칠한 것은 멀리서도 빛난다.

시후 근처 식당에서 점심을 먹었는데, 반찬이 12가지 정도 나온 것 같다. 다 먹지도 못하고 나왔다. 중국인들은 우리보다 빨리 먹어 맞추기가 어려웠다. 나도 빨리 먹는 편인데 따라가기가 힘들었다. 사람들이 빨리 먹기 때문에 식사 시간이면 서바이벌 게임을 하는 것처럼 마음의 여유가 없다.

점심 식사 후 시후西湖로 갔다. 시후는 중국 역대 문인들의 무대였던 만큼 문학 작품이 많이 있다. 우리는 쑤동퍼蘇東坡✱ 기념관에 들렀다. 쑤동퍼가 이곳에서 벼슬을 하면서 그의 연인이었던 한 기녀를 떠나보내며 안타까움을 노래한 시가 있다.

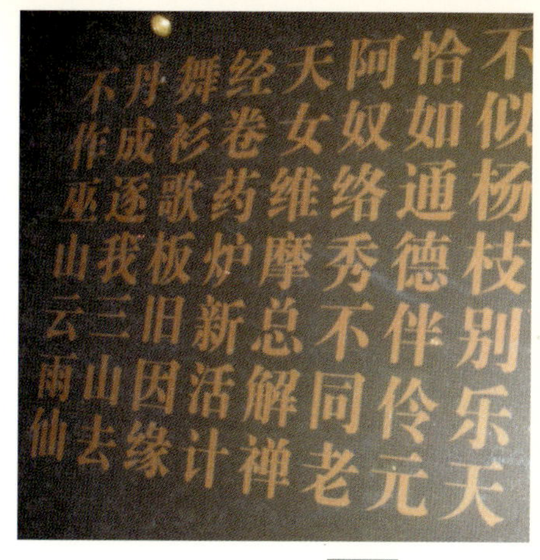

쑤동퍼의 시문

〈소동파蘇東坡의 시문〉

不似楊枝別樂天　불사양지별락천

恰如通德伴伶元　흡여통덕반령원

阿奴絡秀不同老　아노락수부동로

天女維摩總解禪　천녀유마총해선

✱ 쑤동퍼蘇東坡, 1036~1101는 북송시대 사람으로서 본명은 쑤스蘇軾이고, 호는 동퍼거사東坡居士이다. 쑤쉰蘇洵의 아들이고, 쑤처蘇轍의 형으로서 삼부자가 모두 당송팔대가韓愈·柳宗元·歐陽修·蘇洵·蘇軾·蘇轍·曾鞏·王安石에 들어 있다. 쑤동퍼의 시는 유·도·불가의 철학적 요소가 많고, 독특한 시경詩境을 지니고 있다. 그의 대표작은 〈적벽부赤壁賦〉이다.

經券藥爐新活計 경권약로신활계

舞衫歌板舊因緣 무삼가판구인연

丹成逐我三山去 단성축아삼산거

不作巫山云雨仙 부작무산운우선

기녀가 즐거운 세상과 이별하는 것 같지 않고

덕이 통하는 배우와 짝했던 것 같구려

비천한 신분이 빼어난 재능을 얽매어 함께 늙지는 못해도

천녀 유마처럼 결국 참선의 경지를 깨달았구려

도덕경과 단약 짓는 화로는 당신의 삶을 새롭게 하겠지만

춤옷과 노래책은 우리의 인연을 옛날로 돌아가게 하는구려

정말로 날 버리고 삼산으로 떠나야 하겠소?

제발 무산의 신선이 되겠다고는 하지마시구려

추운데 고생하는 여행가이드 천쓰팡陳思芳 양에게 쑤동퍼蘇東坡의 시를 차운하여 한 수 지어 기념으로 주었다.

〈次東坡詩韻 차동파시운〉

遊覽江南問洞天 유람강남문동천

導游小姐答杭元 도유소저답항원

觀山玩水忘塵俗 관산완수망진속

每日走途修步禪 매일주도수보선

同食同行成一隊 동식동행성일대

自然相聚結因緣 자연상취결인연

老孩通德如家族 노해통덕여가족

大笑相應似月仙 대소상응사월선

(杭元은 항저우의 4원덕, 즉 衣食住遊가 좋음을 말한 것임)

강남을 유람할 제 중국 제일의 명승지를 물으니

가이드 아가씨는 항주라고 대답한다

산수를 보느라 세상을 잊고

매일같이 길을 걸으며 행선行禪을 닦는다

함께 먹고 함께 가며 단체를 이루니

자연히 함께 인연을 맺는구나

노인과 아이 가족처럼 한마음 되고

신선같이 함께 웃어 서로 통하는구나

杭州 西湖 蘇東坡記念館에서 蘇東坡의 시를 차운한 시

杭州 西湖 유람선상에서

　　우리는 시후西湖에서 유람선을 탔다. 바람이 많이 불어 춥고 파도도 높았다. 오리털 파카를 입고 목도리를 해도 춥다. 다행히 큰 배를 타서 조용히 미끄러지듯 나아갔다. 시후에는 몇 개의 섬이 있는데, 30분 정도 걸려 한 바퀴를 돌아왔다. 생각 같아서는 호수에 배를 띄워 놓고 바람 부는 대로 흔들리게 놔두고 하루 종일 놀고 싶은데, 정신없이 돌아온 것이 못내 아쉬웠다. 배를 타고 유람하는 사이에 다음과 같은 시를 한 수 지어 함께 여행하는 중국 사람들에게 읽어 주었다. 외국인이 한시를 짓는다는 것이 신기한 듯 우리 부부를 쳐다보았다.

〈西湖 서호〉

龍王玩水淸浪舞　용왕완수청랑무

旅客天遊押氣羽　여객천유압기우

湖上閃光船黑龍　호상섬광선흑룡

岸邊冬柏塔紅炷　안변동백탑홍주

용왕이 물놀이를 하니 맑은 물결 춤을 추고

여행객이 한가히 뱃놀이 하니 스트레스가 깃털 같다

호수 위 눈부신 햇빛 속의 유람선은 흑룡 같고

호반의 동백에 물든 뢰봉탑은 촛불 같구나

杭州 西湖 유람선상에서

치엔탕쟝錢塘江의 옛 이름은 저쟝浙江인데, 저쟝성浙江省 북부에서 항저우를 지나 항저우만杭州灣으로 흐르는 강이다. 시후西湖의 물은 그 치엔탕쟝의 물로 33일에 한 번 씩 갈아준다고 한다. 그래서인지 물이 깨끗하여 호수 바닥이 훤히 보인다.

항저우는 비단길silk rode의 주요 거점도시답게 실크전문매장인 항저우사주전시구매중심杭州絲綢展示購買中心에는 다양한 실크제품이 많다. 일반 누에고치로는 실크 제품을 만들지만, 쌍둥이누에고치에서는 실을 뽑을 수 없기 때문에 그것을 잡아 늘린 다음 겹쳐서 명주이불로 만든다.

실크 제품은 일반 스카프가 50~100위안 정도로 한국에서와 비슷하다. 일반 옷 종류 역시 마찬가지로 우리 가격과 비슷했다. 중국 돈 100위안은 한화로 2만 원이지만 현지 물가 수준으로 보면 5~10만 원

상하이 시내

정도하는 것이다. 그러니 상당히 비싼 것이다. 실크 매장을 나와 항저우에서 멀지 않은 변두리의 창안長安이란 곳에서 국화차전문점에서 국화차를 마시고, 그곳 식당에서 점심을 먹었다.

오후 서너 시가 되어 상하이上海 시내에 도착했다. 상하이 인구는 1,800만이며, 주변 인구까지 합치면 2,000만이라 한다. 자동차 고가도로 밑까지 깨끗하게 하얀 페인트로 칠하여 거리 분위기가 밝았다. 건물들도 특색 있게 지어 전체 도시 미관도 괜찮다. 상하이 중심을 흐르는 황푸쟝黃浦江 가의 동팡밍주東方明珠, 방송탑에 올라가 상하이 시가지를 내려다보았다.

동팡밍주

저녁을 먹고 나서 황푸쟝에서 유람선을 탔다. 한 사람에 200위안씩을 더 내야 한다. 돈이 아까워 안 타려 했지만, 여행사에서 묘하게 안배하여 하는 수 없이 탔다. 하지만 보는 것과 타보는 것에는 차이가 많았다. 건너편의 속세가 본래 저렇게 아름다운 곳일까? 늘 괴로움과 번뇌로 머리가 아픈 곳인데, 오늘은 어쩌면 저렇게 아름답게 보이는 것일까? 저녁에 술을 한 잔 마신 것도 아니고, 평상시 마음 그대로일 뿐인데 말이다. 시문으로 옮겨 보았다.

〈黃浦江 황포강〉

黃浦照明由暗差　황포조명유암차

遊船觀美因離家　유선관미인이가

時時處處皆無別　시시처처개무별

客棧反身或太退 객잔반신혹태하

황포강가의 조명이 아름다운 것은 어둠 때문이고

유람선 관광이 아름다운 것은 집을 떠나 있기 때문이다

언제 어디서라고 다른 것은 아닐진대

객지에 와서 비로소 고향을 안 것은 너무 어리석은 것이 아닐

까?

상하이 黃浦江 夜間遊覽船에서

빈관에 돌아와 인터넷 이메일을 열어보니, Marquis Who's Who in the World 선발 위원회로부터 메일이 와 있었다. 마르퀴스 후즈후 2010년도판에 등재후보로 1차 선정되었으니, 관련 자료를 2월 23일까지 입력해달라는 내용이다. 마르퀴스 후즈후는 세계 3대 인명록 중 하나로서 대체적으로 이공계나 의학계의 연구자들이 등재되고 있다. 그런데 철학 전공자인 내가 선정되었다니 좀 어리둥절했다. 선정 과정이나 기준에 대해서는 비밀인지 아무런 언급이 없다. 갑자기 두려운 생각이 들었다. 남에게 인정을 받는다는 것은 기분 좋은 일이지만, 다른 한 편으로는 더욱 더 노력하라는 채찍질 같아 부담스럽기 때문이다. 관련 자료를 영문으로 번역하여 입력하려면 시간이 걸릴 것 같다.

　우리는 상하이윈무빈관上海雲木賓館, 021-5128-7788, 上海市 惠民路 666
號에서 아침을 먹고 황푸쟝黃浦江 동쪽인 푸동浦東에 있는 주방용 식도
나 과도 등을 파는 판매장으로 갔다. 단체 여행 마지막 코스이다. 제품
은 독일과 합작하여 만든 것으로서 매우 고급이었다. 지혜가 그와 같
이 예리하다면 좋을까 아니면 나쁠까?

　상하이 시내의 시짱중루西藏中路와 쥬쟝루九江路가 교차하는 지점의
춘츄뤼여우春秋旅游 여행사에 도착했다6252-0000, 6531-6666. 난징에서
이곳까지 여행을 위탁받아 안내를 맡아준 여행사의 본점이었다. 샤먼
廈門에서의 여행사와 계약할 때보다 차이가 생겨 350위안을 실랑이 끝
에 결국 내고 말았다. 중국 여행은 들은 소문대로 약속한 것과 다른 점
이 많다. 각별히 조심한다 해도 외국인들은 속아 넘어가기 쉽다. 이렇
게 우리 단체 여행은 끝이 났다.

우리 부부는 다시 윈무빈관雲木賓館으로 가방을 가지고 돌아왔다. 숙박비는 하루에 100위안씩 주기로 했다. 빈관의 여직원이 말하길, 만약 여행사를 통했으면 120위안 이상을 내야 한다고 말했다.

빈관 옆 시장에서 내일 설날 아침에 먹을 빵을 사고, 오는 길에 8년 된 화따오주花雕酒 한 컵을 사 마셨다. 한 잔 술이지만 술맛이 좋다. 알콜 도수가 15°정도 밖에 안 되지만 몸과 기분이 나른해졌다. 오랜만에 한 잔 한 때문일 것이다. 그 기분으로 시 한 수를 지었다.

〈花雕酒 화쪼구〉

陳年封氣花雕酒　진년봉기화조주

新禧開瓶請古友　신희개병청고우

厚味敦香裕感長　후미돈향유감장

幽陶隱醉餘興久　유도은취여흥구

오래 동안 저장했던 화따오주

새해 설이 되어 개봉하여 옛 친구를 부른다

깊은 맛과 향기는 느낌이 오래 가고

은근한 취기 그 흥이 오래 가겠지

上海市 惠民路市場에서

중국에서 설을 맞이하게 되었다. 명절을 보내는 데는 대도시가 좋을 것 같아 상하이上海를 선택했다. 그런데 온 도시 전체가 밤새도록 터트리는 폭죽 때문에 잠을 잘 수가 없었다. 새벽에 잠시 조용하다가 날이 밝으면서 다시 산발적으로 폭죽 소리가 났다. 외국인들은 도무지 이해하기 어렵고 참기도 어려운 일이다.

아침을 먹고 시내 중심인 런민광장人民廣場 옆에 있는 삼성의 신세계백화점으로 갔다. 한국기업이 진출해 있는 곳이다. 그곳에서 신년 거리 풍물놀이를 구경한 후 청황먀오城皇廟로 갔다. 그런데 그곳은 사람이 얼마나 많은지 인파에 떠밀려 다녔다. 구경을 포기하고 되돌아 나오는데, 잠시 방심한 사이에 누군가 아내의 핸드백을 열고 지갑을 꺼내 갔다. 그 순간 아내는 미심쩍은 옆 사람을 붙잡고 지갑 내 놓으라고 소리를 질렀다. 그러자 그 사람은 당황한 나머지 땅에 지갑을 떨어

신세계백화점 앞에서

뜨려 놓고 자기가 그런 것이 아니라고 했다. 어쨌든 순간의 기지로 지갑을 다시 찾고 놀란 가슴을 쓸어내렸다. 가슴이 철렁했다. 아내를 위로하기 위해 모처럼 큰 음식점에서 점심을 맛있게 먹었다. 만터우 1접시10위안, 야채 2접시27위안, 밥12위안, 탕12위안 총 61위안이 들었다. 어제 저녁을 8위안으로 먹은 것에 비하면 거금을 쓴 것이다.

딸이 상하이한국학교로 발령이 났기 때문에 미리 가 보기로 했다.

우린 먼저 지하철을 타고 민항취民行區로 갔다. 그런데 민항취라는 지

상하이한국학교

역 이름만 생각하고 가다보니 너무 멀리 가서 다시 중간 어느 역까지 되돌아와 버스를 타고 화차오쩐華漕鎭에서 내렸다. 그곳 역시 너무 지나왔기 때문에 다시 7Km쯤을 오토바이 뒤에 타고 되돌아 가서 찾았다. 그곳에는 그렇게 오토바이로 사람을 태워다 주는 것을 직업으로 하는 사람이 많다. 버스를 탈 경우 베이칭루北靑路와 리엔여우루聯友路가 만나는 지점에서 내리면 된다고 했다. 그런데 학교가 민베이閔北 공업지구에 있기 때문에 택시나 버스가 거의 없었다. 학교를 돌아보니 초·중·고교학생 1,200명이 공부하기에는 충분한 면적이었다. 돌아올 때는 지나가는 택시도 없고 버스 정류장을 물어볼 사람조차 없어

상하이한국학교

하는 수 없이 1시간 이상을 걸어서 칭푸靑浦 - 런민광장人民廣場을 오가는 버스를 타고 왔다 버스비 1인당 4위안.

상하이는 전기버스 · 배터리 자전거 · 배터리 오토바이가 많아서 거리에는 매연 냄새가 적다. 그런데 어느 곳에서든지 가리지 않고 담배를 피우는 사람들 때문에 사람 사이를 걷기도 어렵고 숨쉬기도 힘들다. 개인의 기호 생활치고는 문제가 심각하다. 그리고 상하이의 수돗물은 양쯔쟝楊子江 물을 쓰니 수량은 풍부하지만 수질은 좋지 않다.

＊ 상하이의 우리 교민의 상주 인구는 31,000명, 서남부에 있는 구베이古北, 진슈쟝난錦繡江南, 롱바이龍栢, 완커萬科, 그리고 동쪽의 푸동 스지꽁위앤浦東 世紀公園 부근에 많이 산다고 한다. 한국교민회에서는 우리 교민이 베이징과 청도에 7만, 상하이에 5만이라 함. 상하이에서 2010년 세계박람회가 열리면 교민 수는 20만 명 정도가 될 거라고 전망하고 있다. 그래서 국내에서 취업하지 못한 사람들에게 상하이에서 취업할 것을 권하는 글도 있었다.

아침에 혼뚠餛飩을 먹고, 중국에 와서 처음으로 딸기를 1근7위안 사서 맛있게 머었다. 오늘은 상하이에서 딸이 머물 곳을 찾아보기 위해 런민광장의 상하이박물관 앞에서 936번 시내버스를 타고 한국인들이 많이 거주하고 있다는 롱바이龍栢 신촌으로 갔다차비는 1인 3위안에 40분 거리.

그곳은 아파트 밀집 지역인데 지은 지가 좀 되었는지 깔끔해 보이지 않았다. 길거리를 지나다니면 심심찮게 한국인들이 보이고 한국말도 들리는 곳이며 한국어로 된 간판도 많이 있다. 방세가 비교적 저렴한 곳이라 한다. 딸에게 보여 주려고 사진도 몇 장 찍어 왔다.

우리는 그곳에서 점심을 먹고 시내로 돌아왔다. 오는 길에 시장중루西藏中路 육교 밑에서 얼후二胡 : 우리의 해금과 비슷한 악기를 연주하는 노인을 보았다. 길거리 악사이다. 앞에는 깡통을 하나 놓고 배낭으로

롱바이 신촌

보이는 흰 자루를 깔고 앉아서 연주하는 모습이 불쌍하게 보였다. 그러나 음악에 심취한 그의 표정은 보는 사람도 무아지경에 빠질 지경이었다. 사진을 한 장 찍고 시를 한 수 지었다.

〈二胡樂師 이호악사〉

寒客滿街觀路景　한객만가관로경

裕賓閑室嘗茶餠　유빈한실상차병

虛腔鋼桶伴琅琅　허강강통반랑랑

橋下樂師無我境　교하악사무아경

돈 없는 사람들은 길거리 구경만 하고

부유한 사람들은 한가한 찻집에서 차와 음식을 즐기고 있다

빈 깡통에 쨍그렁 소리가 나니

다리 밑의 노인 악사는 무아경에 드는구나

上海 西藏中路 人民廣場 부근에서

저녁엔 지에란차이12위안, 두부14위안, 밥 두 공기와 차 한 주전자 능 보두 30위안으로 저녁을 먹었다. 우리 돈으로 6,500원 정도인데 두 사람이 다 먹지 못할 만큼 많았다.

얼후를 연주하는 노인

2009. 1. 29. 목.
상하이, 비

밤에 비오는 소리가 들리더니, 낮에도 계속해서 비가 조금씩 내렸다. 외출할 수가 없었다. 그동안 노트에만 간단히 적어 놓은 여행기를 컴퓨터에 입력 정리했다. 귀국 후 나중에 정리하려면 별도의 시간을 내기도 어려울 것 같고 또 시간이 지나면 기억도 제대로 나지 않을 것 같기 때문에 이참에 정리해두려는 것이다. 그동안 여행을 시문으로 정리해 보았다.

〈仙遊萬里 선유만리〉

弄水吟山遊萬里　농수음산유만리

觀文察物逍城市　관문찰물소성시

坊坊曲曲藏珍奇　방방곡곡장진기

故事傳言露野史　고사전언노야사

진수쟝난

산수를 즐기면서 먼 길을 유람하고

문물을 관찰하며 옛날 거리를 거닌다

방방곡곡에 진기한 물건이 많이 있고

전해오는 옛이야기들은 민간야사를 말해주는구나

상하이에서

오후에는 딸이 얘기한 진수쟝난錦繡江南＊이란 한국인 타운을 찾아가기로 했다. 우리는 버스로 먼저 롱바이龍栢로 가서 거기에서 약30분 정도 걸어서 진수쟝난에 갔다. 이곳 역시 한국인들이 많이 사는 곳이다. 아파트는 지은 지도 얼마 안 되고 튼튼해 보이며 비교적 깔끔해서 좀 더 부유한 사람들이 사는 동네 같았다. 방세도 비싸고 우리 아이가 혼자 살기는 좀 클 것 같은 생각이 들었다.

＊ 매월 방세는 방 두 개 온돌방 6,000위안, 방 3개짜리 화장실 2개는 7,500위안이었으며, 온돌방이 아닌 것은 1,000위안 정도가 싸다. 2달치의 월세만큼 보증금도 내야 한다.

　　오늘 아침에도 비가 내려서 오전에는 빈관賓館에서 쉬었다. 점심때가 되어 시내로 나갔는데 연휴 때문이어서인지 길거리에는 온통 사람들 천지인데, 특히 담배 연기에 질식될 것 같았다. 상하이의 자동차나 오토바이는 전기차가 많아 매연이 비교적 적은데 비해, 시도 때도 없이 피워대는 담배 연기 때문에 길을 걸을 때나 건물에 들어가면 숨이 막힌다. 나도 예전에 담배를 피워봤지만, 백해무익한 것을 왜들 그리 열심히 피우는지 모르겠다. 예전에 우리가 그랬듯이 중국의 젊은이들은 담배를 피우는 것을 아주 남자답고 낭만적이라고 여긴다는 것이다. 사람들은 길거리에서 마치 담배피우기 취미생활을 즐기는 것 같다.

2009. 1. 31. 토.
상하이, 맑음

오전에 원먀오루文廟路에 있는 책방거리를 보러 갔다. 시장난루西藏南路 - 중화루中華路 부근이었다. 원먀오루 근처에는 음식점 앞에 줄을 서서 기다리는 사람이 많았다. 사람은 많은데 음식점이 적어서인지 그곳에는 길에서 사서 길에서 먹는 길거리 음식이 주였다. 우리도 고기만두 네 개6위안와 찹쌀떡 두 개3위안를 사서 점심으로 먹었다. 잠시 앉아서 먹을 만한 곳이 없다.

문묘文廟는 공자에게 제사를 올리는 곳인데, 길거리에는 먹는 것과 젊은이들 잡지나 낯 뜨거운 영상물뿐이었다. 공자님도 『논어』 「자로」 편에서 먼저 먹고 살게 한 다음 교육을 하라는 선부후교先富後敎를 말했으니, 생업을 이해할 수는 있겠지만 좀 심한 것 같다. 서남 방향의 시내 쪽으로 걸어오니 옛날 골동품을 파는 가게들이 있는 골목과 새나 화초 등을 파는 골목 등이 별도의 구역으로 나뉘어져 있었다. 골동가게 골목은 서울 인사동 골목 같았다.

돌아오는 길에 런민광장人民廣場에서 열리는 각 지방의 시민들이 하는 단체운동과 놀이경연대회를 관람했다. 사회체육 육성차원에서 여는 경연대회였다. 많은 사람들과 단체가 참여했다. 어린아이와 청년들이 벌이는 롤러브레이드 쇼는 대단했다. 아이들이 저 정도 하려면 얼마나 연습을 했을까 하는 생각이 들었다. 무슨 일이든 열심히 해서 경지에 오른 사람은 마찬가지로 그 어떤 일도 잘 할 수 있을 것이다. 우리는 건물 남쪽에서 따뜻한 햇볕을 쬐며 모처럼 그동안 밀린 여행기를 컴퓨터 속에 정리했다.

3시쯤 되어서는 상하이 역으로 가서 2월 2일 밤 9시 취푸曲阜로 가는 열차표를 침대칸 1층硬臥下鋪으로 두 장을 샀다. 열차 요금은 한 사람에 197위안이다. 상하이에 머문 지도 벌써 일주일이 되었고, 다음 주에 또 상하이를 떠나려 생각하니 아쉬운 마음이 앞서는구나. 언제 어디서나 이별은 아쉬움을 남기나 보다.

저녁은 동네에 와서 먹었다. 야채복음 2접시와 밥 두 그릇에 36위안 들었다. 빈관으로 돌아오는 길에 길거리를 기어오는 사람을 만났다. 팔을 제외한 다른 신체 부위는 온통 뒤틀려 있고 손발이 차가운 땅바닥에 그대로 드러나 있으니 얼마나 고통스러울까? 옷을 입어도 찬바람에 옷깃을 여미는 추운 날씨인데, 쳐다보는 눈빛이 가슴 속을 파고들었다.

〈惠民 혜민〉

冷天寒氣襲衣襟 냉천한기습의금

手足麻痿侵骨心 수족마위침골심

不食無溫何以活 불식무온하이활

引身求乞呼呻吟 인신구걸호신음.

추운 날 찬바람이 옷깃을 스며드는데

수족이 마비된 걸인은 그 통증이 뼈 속을 파고 들 것이다

안 먹고 안 입고 사람이 어떻게 살 수 있을까?

불편한 몸을 끌고 구걸하면서 신음소리를 내는구나

상하이 惠民路 입구에서

오늘이 설 연휴 마지막 날이다. 25일부터 시작된 귀향길이 오늘로
끝난다. 우리가 상하이에서 취푸까지 가는 열차편도 붐빌 것 같아 걱
정이다.

아침에 빈관 앞에서 960번 버스를 타고 푸단대학復旦大學으로 갔

푸단대학

광화루

다. 중국 4대 명문대학 중 하나로서 한단루邯鄲路와 구어띵루國定路가 만나는 지점에 있다주소: 上海市 國定路 220號. 새로 지은 광화루光華樓는 30층 정도 되는데, 철학과는 철학학원哲學學院이란 명칭으로 되어 있으며 23층에서 25층까지 사용하고 있다. 23층엔 마르크스 흉상, 24층엔 공자 흉상, 25층엔 플라톤 흉상이 각각 놓여 있었으며, 교수 연구실이 3층에 나뉘어져 있었다. 아무도 출근하지 않아 그냥 되돌아 왔다. 광화루 전면과 후면에는 아테네 신전 돌기둥 같은 양식으로 장식되어 있었다.

푸단대학 전체 면적은 얼마인지 모르나 눈에 들어오는 것으로 짐

당나귀 타고 시 짓는 시인

작하면 강원대학의 두 세 배쯤 되니까 50만 평은 될 것 같다. 한단루 건너편에는 대학 부속 건물과 부속중고등학교가 있다. 건물 크기나 면적이 넓은 것은 땅이 넓고 인구가 많기 때문이다. 광화루 오른쪽 앞 잔디밭에서 당나귀 타고 시를 짓는 시인의 동상이 인상 깊었다.

점심에는 빈관 부근에 와서 다슬기 넣은 부추볶음과 두부에 오리 선지를 넣어 볶은 음식을 먹었다. 다슬기부추볶음이 맛있었다. 같은 재료인데도 요리법에 따라 음식이 이렇게 다른가 하는 생각이 들었다.

　오늘은 상하이를 떠나 산동 취푸曲阜로 가는 날이다. 빈관 앞의 떠우쟝집에서 구운빵0.7위안, 떠우쟝1위안으로 아침을 먹고 바로 짐을 챙겨 문을 나섰다. 지하철을 타고 상하이 역으로 갔다. 상하이 지하철은 서울처럼 노선이 많지 않지만, 건설한 지 얼마 안 되었는지 깨끗하다.

상하이 지하철

상하이 역 앞

상하이 역 앞에서 점심 식사를 했는데, 오후에는 약간 씩 비가 내렸다. 승차 한 시간 이전에는 역사 안으로 들어갈 수 없어서 바깥에서 기다려야 하는데, 마땅히 쉴 곳이 없다. 역 앞에는 의자도 거의 없는데, 어쩌다 앉아 있으면 어린 아이들이 깡통에 동전 몇 개를 넣고 흔들어 대며 무릎을 꿇고 구걸한다. 구걸하는 사람은 어른 아이 할 것 없이 너무 많아 두려운 기분이 들 정도이다. 뿐만 아니라 아무데나 침을 뱉어 길을 걸어 다닐 때도 조심해야 된다. 7시 반이 되어서야 역사 안으로 들어갈 수 있었다. 의자에 편히 앉을 수 있는 것만으로도 행복했다. 저녁은 역사 안에서 컵라면으로 때우고, 밤 9시 7분 기차로 상하이를 떠났다. 기차에 오르자 곧바로 잠을 잤다.

2009. 2. 3. 화.
산동 취푸, 흐리고 추움

　어제 저녁 역무원이 우리의 승차권을 카드와 바꾸어 갔는데, 아침 7시쯤 되자 다시 우리의 승차권으로 바꾸어 주었다. 역무원이 여행객의 열차표를 가지고 있다가 각자의 시간에 맞추어 깨워 보내기 위한 것같다. 장거리 열차 침대에서 잠을 자고 가기 때문에 하차 시간을 놓칠까봐 배려한 것으로 보인다. 우리도 내릴 역을 지나칠까 봐 새벽잠을 설쳤다. 7시가 되자 날이 훤히 밝아오면서 끝없이 펼쳐진 평야에 안개가 끼어 있어 집이 희미하게 보이고 미루나무 단지도 보인다.

　옌저우兗州 역에는 7시 10분 정도에 도착했다. 본래 예정 시간보다 약 10분 정도 일찍 도착했다. 역 앞 식당에서 아침을 먹었다. 옌저우에서 취푸曲阜까지의 거리는 17Km이다. 일반버스2위안가 있기는 하지만 이따금 있기 때문에, 한 사람에 5위안씩 하는 승합차를 타고 취푸까지 왔다.

취푸에 내리자마자 먼저 숙소를 찾았다. 빈관은 하루에 80위안짜리로서 인터넷도 되었다. 인터넷이 되어서 그래도 다행이라 생각했는데, 방 안에 담배 냄새가 너무 많이 나서 숨쉬기도 힘들다. 오늘은 어쩔 수 없고 내일은 다른 곳으로 옮겨야 할 것 같다.

여장을 풀고 콩먀오孔廟·콩푸孔府·콩린孔林 세 군데를 가는 통표 150위안를 샀다. 콩먀오孔廟는 공자의 문묘文廟이다. 묘廟는 제사를 지내는 사당으로서, 국가에는 정통政統을 계승한 역대 임금에게 제사를 지내는 종묘宗廟가 있고, 가정에는 혈통血統을 계승한 조상에게 제사를 지내는 가묘家廟가 있듯이, 유교에서는 두통道統을 계승한 성현에게 제

콩먀오·콩푸의 성곽

콩마오의 제일 석문

사를 지내는 문묘文廟가 있다. 묘는 일종의 종교의식을 거행하는 신성
한 장소이다.

오늘은 콩먀오와 콩푸 두 군데만 가고 콩린은 내일 가기로 했다.
우리는 먼저 콩먀오로 갔다. 수백 년이나 돼 보이는 편백나무가 콩먀
오 양 쪽을 가득 지키며 서 있었다. 콩먀오를 오고 간 많은 사람들을
지켜봤으리라. 평민에서 군왕이나 황제에 이르기까지 얼마나 많은 사
람들이 무슨 생각을 하고 다녀갔을까? 기록에 의하면 동한東漢에서 청
清 말까지 황제가 19차례, 고관대작이 196차례를 다녀갔다고 한다. 지
금 취푸를 찾아오는 사람들은 대부분이 중국 사람들이지만, 외국 여행
자들도 꽤 보인다.

중국문화대혁명中國文化大革命, 1966.5~1976.10 무렵 취푸는 유가 철학의 본산으로서 홍위병들의 주요 공격 대상이 되었다. 홍위병들은 "공자의 본거지를 타도하라孔子店打倒"는 구호를 외치며 공자와 관련된 비석 등의 유물을 무차

"류留"자를 붉은 글씨로 써놓은 비석

별히게 훼손했디. 그리면서도 무슨 생각에선지 훼손히지 말고 뇌두라는 의미의 "류留"자를 붉은 글씨로 써놓은 비석이 있다. 아직도 그 흔적이 남아 있는 데, 그 비석은 건륭乾隆 황제가 세운 것이다.

콩먀오는 입구에서 대성전까지 모든 시설물을 다 합치면 12개나 되는데, 그 중 건축물에 문門자가 붙어 있는 것만도 6개나 된다. 중국인들은 공자에 대한 존경심을 그렇게라도 표현하고 싶었던 모양이다. 대성전 앞에는 일반인들이 절을 할 때 무릎을 댈 수 있도록 푹신한 기물을 갖추어 놓았고 향도 피워 놓았다. 많은 사람들이 절을 하고 있다. 나도 공자의 학문을 연구하는 사람으로서 성인에 대한 예로 대성전을 향해 삼배를 했다.

점심은 콩푸孔府 앞에서 먹었으며, 식사 후에는 콩푸를 돌아보았

대성전

다. 콩푸는 공자가 거주했던 곳이기도 하지만, 후손들이 대대로 살아온 집이다. 지금은 관광지가 되면서 사람이 살지 않는다.

콩푸에서 가장 눈에 띈 것은 노벽魯壁이다. 노벽은 공자 옛 집의 벽으로서, 진시황이 분서갱유할 때 서책을 숨겨둔 장소이다. 한무제 때 노나라 공왕恭王이 공자의 옛 집을 철거할 때 벽 속에서 『논어』와 『효경』 등 고전을 고문古文으로 기록한 죽통竹筒을 발견했다. 그렇게 진리를 사랑한 덕분에 현재에도 육경과 각종 고전을 볼 수 있게 된 것이다. 그렇게 수많은 전란과 혼돈 속에서도 사라지지 않고 보전되어온 것은 진리를 사랑하는 만인의 노력 때문이기도 하지만, 보다 중요한 것은 공자의 인仁과 같은 위대한 정신이 있기 때문이다. 진리는 결코 훼손 되거나 사라지지 않으며 그렇게 될 수도 없는 것이다.

콩먀오와 콩푸를 보고 나서 콩푸의 뒷길 건너편에 있는 박물관에 서 간단한 유물을 돌아보았다. 박물관 옆에는 젊은이들이 배낭여행을 하면서 머물 수 있는 숙박 시설이 있다. 그런 시설은 중국 곳곳에 있는 데, 대개 외국에서 온 젊은 사람들 위주이다. 돌아오는 길가에서 옌푸 顔府의 표시판을 보았다. 그렇다. 중국인이 공자의 수제자 안회顔回를 그냥 방치할 리가 없다. 내일 보기로 했다. 오늘 본 콩먀오와 콩푸에 대한 감상을 시문으로 정리했다.

〈三拜孔廟 삼배공묘〉

古栢守庭數百年 고백수정수백년

有平有亂何知全 유평유난하지전

秦火焚冊不燒盡 진화분책불소진

近世紅兵不撤遷 근세홍병불철천

夫子無言人自學 부자무언인자학

乾坤不語物天然　건곤불어물천연

齋心戒體維仁義　재심계체유인의

整帽齊襟持敬虔　정모제금지경건

오래된 편백나무 수 백 년 묘당을 지켰지만

평화와 전란을 어찌 모두 알겠는가

진시황의 분서갱유도 모든 서책을 다 태우지 못했고

문화대혁명 홍위병들도 모든 것을 걷어내지 못하지 않았는가

공자는 아무 말이 없지만 사람들은 스스로 공부하고

천지 역시 아무 말 없지만 만물은 자연스럽게 살아간다

심신을 닦아 인의를 지키고

의관을 정제하여 경건함을 지닌다

孔子廟에서

오늘은 그래도 어제보다는 덜 춥다. 아침을 콩푸판디엔孔府飯店 앞에 있는 양탕관羊湯館에서 먹었다. 가세에서 할머니 할아버지 일손을 도와주는 초등학생 여자 아이의 마음 씀씀이가 착하고 예뻤다. 그 아이에게 시 한 수를 지어 붓글씨로 써 주었다.

〈羊湯館 양탕관〉

山東曲阜羊湯館 산동곡부양탕관

孫女輔奶卷兩祖 손녀보내권양단

孔府門前自己行 공부문전자기행

心香招福家庭滿 심향초복가정만

산동 곡부의 양탕관

양탕관

손녀는 할머니를 도와 두 팔을 걷어부쳤구나

공부 문 앞이라서 스스로 알아 일을 잘하니

그 마음의 향기 복을 불러 온 집안이 행복하겠구나

曲阜 羊湯館에서

빈관에서 담배 냄새가 너무 심하게 나고 더운 물도 잘 나오지 않아
옆 빈관으로 숙소를 옮겼는데, 그 곳은 인터넷이 뜻대로 되지 않았다.
그나마 다행인 것은 전기담요가 있어 저녁에는 따뜻하게 잘 수 있을
것 같았다. 빈관에서 1.5Km 떨어진 콩린孔林 즉 공자 묘소 문 앞까지

콩린 석문

걸어갔다.

　콩린 석문 앞에서 점심을 먹었다. 반찬 두 가지25위안에 밥 두 그릇 4위안인데 찻값으로 2위안을 별도로 냈다. 세 사람이 먹어도 될 음식의 양이었다. 지금까지 먹었던 중국 음식은 대체로 많이 주고 싸기는 하지만 음식이 정갈하지 못하고 짜다. 덜 짜게 해 달라고 주문을 해도 별 차이가 없다.

　점심 식사 후 콩린孔林으로 들어갔다. 입구부터 크고 작은 많은 비석들이 서 있고, 비석 뒤에는 작은 흙무덤이 있었다. 묘지라기보다는 흙무더기 같다. 우리나라 봉분과 비교하면 2~3분의 1 정도로 작은 것

콩먀오 입구 사자상

자공의 해수그루터기

이 대부분이다. 물론 약간 큰 것도 있다.

　한참을 걸어가 담장으로 둘러쳐져 있는 곳의 대문을 들어서니 자공子貢이 심었다는 해수楷木의 그루터기가 검은 색으로 변해 남아 있다. 공자 제자들은 전국 각지에서 나무를 가져다 공자 묘소 부근에 나무를 심었는데, 자공이 심은 나무 그루터기는 아직도 남아 있다. 그 나무 그루터기를 보존하기 위해 지금은 돌 정자를 지어 놓았고, 그 앞의 비석에는 자공수식해子貢手植楷라고 새겨 놓았다. 그것은 2500년이나 된 나무 그루터기이다. 하찮은 것이지만 스승에 대한 제자의 사랑이라고 생각하니 썩어가는 것이 안타깝다.

공급이 묘

공자의 묘와 공리의 묘

　그 곳을 지나는 길목에는 공자의 학문을 잘 전술하였다 하여 술성 공述聖公으로 추앙받는 자사子思 즉 공자의 손자 공급孔伋의 묘가 있다. 조금 걸어가면 그의 아버지 공리孔鯉의 묘가 있으며, 그 옆에 공자의 묘소가 있다. 아들의 묘가 약간 낮지만 거의 나란히 있다. 삼대 묘소의 크기는 거의 비슷하나, 손자인 자사의 묘소 앞이 넓고 시원하다. 공자의 묘소와 아들 공리의 묘 사이에는 수백 년 된 편백나무 한 그루와 고목 한 그루가 마치 묘지기처럼 우뚝 서 있다. 공자묘 오른 쪽에는 다른 제자들과 달리 6년 동안 시묘살이를 한 자공子貢을 기념하여 만든 자공여묘처子貢廬墓處라는 비석과 건물이 있다.

공자의 묘소와 묘비

공자묘 앞의 비석은 명대에 세워진 것인데, 비문에는 대성지성문선왕大成至聖文宣王이라고 되어 있다. 문선왕文宣王이라는 시호諡號가 부여된 것은 당 현종玄宗, 739년 때이고, 다시 삭제된 것은 명 세종世宗, 재위 1521~1567년 때이다. 문선왕이란 시호가 부여되고 삭제된 것은 단지 형식상의 문제만은 아니었지만, 이 세상 사람이 아닌 공자에게 무슨 정치적인 이름이 필요하겠는가?

정치적 의미 때문인가 공자의 묘비는 문화혁명 때 홍위병들이 부수어버렸다. 지금은 그것을 시멘트로 봉합하고 쇠로 고정시켜 복원해 놓았는데, 녹물이 흘러내려 비석을 물들이고 있다. 보는 사람마다 안타까워했다. 진시황의 분서갱유焚書坑儒를 어찌 잊었단 말인가? 한 시대의 어리석음이 돌이킬 수 없는 역사적 죄를 또다시 범한 것이다. 또다시 반복되지 않기를 바랄 뿐이다.

콩먀오孔廟는 물론 콩푸孔府와 콩린孔林 등의 계단과 길에 사용한 돌은 거의 취푸에서 생산되는 석회석青石,青岩石 등으로 불린다으로 되어 있다. 취푸의 석회석은 색깔도 다양할 뿐만 아니라 무르기 때문에, 밟고 다니는 길바닥 돌은 물론 손으로 만지기만 한 석물도 반질반질하게 달아 있다.

시내에서 콩린까지는 1.5Km인데, 모두 걸어서 왕복했다. 그 과정에서 괴로웠던 것은 인력거나 말 마차 모는 사람들이 자꾸 타라고 졸라대는 것이다. 인도로 그냥 걸어가는 것이 마치 교통 법규라도 어기는 것은 아닌가 하는 생각이 들 정도였다.

콩푸孔府의 대각선으로 길 건너편에는 공자의 수제자 안회顔回의 문묘文廟인 푸성먀오復聖廟 즉 옌먀오顔廟, 顔府로도 되어 있다가 있다. 푸성復聖이란 성인의 도를 그대로 실천하고 지킨 안회를 가리키는 말이다.

공자가 『논어』 「옹야」편에서 "현명하다. 안회여. 한 그릇의 밥과 한 바가지의 물로 누추한 시골에 사는 것을 보통 사람들은 걱정하며 견디

푸성먀오 즉 옌먀오

누항의 석문

지 못하는데, 안회는 인의의 도를 즐김이 변치 않으니 현명하다. 안회여!"라고 말한 것처럼, 옌먀오 맞은편에는 일반 백성이 사는 누추한 거리라는 뜻의 누항陋巷이라는 석문이 서 있다. 그런데 옌먀오는 아직 정비가 제대로 되지 않아 개방은 하지 않고 있다. 옌먀오는 아주 오래 전에 만든 것으로 보이는 붉은 색 담장으로 둘러싸여 있는데, 대문 사이로 보이는 내부 건물은 낡았지만 꽤 컸다.

누항의 석문을 지나 시내 쪽으로 가면 취푸 중앙에 있는 우마쓰지에五馬祠街에 시장이 있다. 우리는 상가 골목으로 들어가서 거리 음식을 하나 사 먹었다. 부침개 속에 부추와 잡채를 넣어 만든 것이다2위안.

우마쓰지에

우마쓰지에 시장

우마쓰지에 시장

아내가 매우 맛있어 했다. 1~2위안만 주어도 배불리 먹을 수 있는 것이 많았다. 단체 여행이라면 누릴 수 없는 여유다. 5시가 되어 다시 시장에 가서 부추잡채부침개 하나2위안 계란밀가루부침개1위안를 사서 저녁으로 먹었다. 취푸의 밤거리는 관광지라서 그런지 불빛이 요란했다. 옛 성인 군자들이 보면 무슨 말을 할까? 먹고 살만 하니 교육에 힘쓰라고 하겠지?

빈관으로 돌아와 공자의 묘소를 다녀온 감상을 시로 정리했다.

〈孔林 공림〉

事師如親守三年　사사여친수삼년

子貢焚香侍倍延　자공분향시배연

種樹盛土成大苑　종수성토성대원

長春久夏就安眠　장춘구하취안면

祭壇路陛靑岩石　제단로폐청암석

拜見萬民磨麗鮮　배견만민마려선

至聖敎仁重世上　지성교인중세상

學文行禮貴相傳　학문행예귀상전

스승 섬기기를 부모처럼 삼년상을 모시는데

자공은 시묘살이 6년을 하였구나

제자들은 나무를 심고 성토를 하여 큰 동산을 이루었으니

늘 푸르고 꽃이 피어 공자께선 안면을 하겠구나

제단 길과 계단의 청암석

배향하는 만민의 발걸음에 닳고 닳아 아름답게 빛나는구나

공자께서 인을 가르친 것은 인간세상을 중히 여겼기 때문이니

후세에도 그의 학문과 예악을 귀하게 서로 전하는구나

曲阜 孔林에서

아침에는 공자B.C.551~479가 『논어』에서 말한 것을 위주로 그의
인생 역정歷程 73년을 시문으로 정리해보았다.

〈孔夫子 공부자〉

早年孤兒作卑工　조년고아작비공

十五思宜崇周公　십오사의숭주공

三十學文致禮樂　삼십학문치예악

再加十載達仁隆　재가십재달인융

人生五十知天命　인생오십지천명

六十不言弟子通　육십불언제자통

七十隨心無越路　칠십수심무월로

大成至聖萬人從　대성지성만인종

어려서 부모 잃고 고아가 되었으니 막일도 가리지 않았고

15세가 되어서는 학문에 뜻을 두고 주공을 숭모했으며

30세가 되어서는 학문과 예악문물을 배웠고

40세가 되어서는 사물의 이치에 통달하였으며

50세가 되어서는 천명을 깨달았고

60세가 되어서는 말을 넘어서는 학문의 가르침을 베풀었으며

70세가 되어서는 마음 내키는 대로 해도 법도에 어긋남이 없
으니

위대한 성인 공자를 만인이 추종하는구나

曲阜 孔廟에서

아침 9시 좀 지나서 주공의 사당인 저우공먀오周公廟로 걸어갔다.
40분 정도 걸렸다. 저우공먀오는 본래 노나라 궁궐터에 지은 것인지
저우공먀오 정문 링싱먼櫺星門 앞에는 취푸노국고성曲阜魯國故城이라는
비석이 서 있다. 이제는 콩먀오와 콩푸를 둘러싸고 있는 취푸밍고성曲
阜明故城의 바깥이 되었다. 오가는 사람도 거의 없으며, 그래서인지 입
장료도 10위안이다.

저우공먀오에도 문화혁명* 때 홍위병들이 파괴한 비석들을 복원
해 놓았다. 홍위병들의 만행을 규탄하는 시문이 그들이 파괴한 취푸노

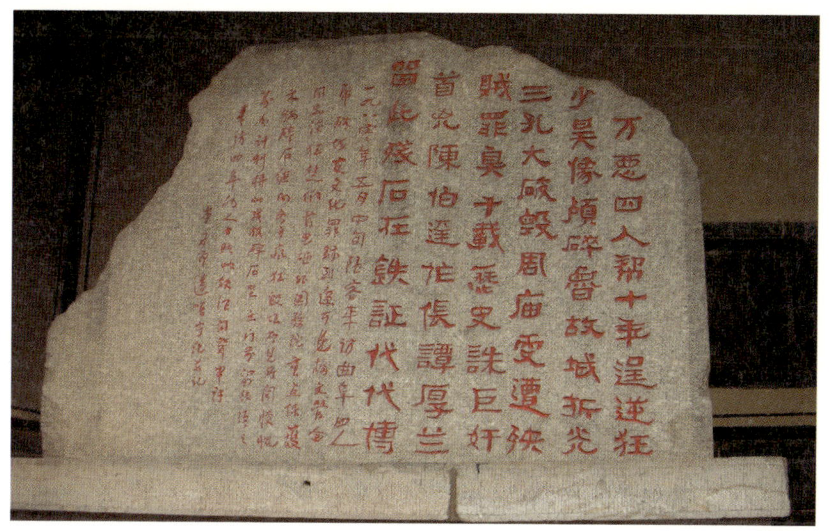

홍위병의 만행을 규탄한 비석

국고성曲阜魯國故城 표지 비석 뒷면에 새겨져 있었다. 주공周公은 공자의 제일 스승 역할을 했기 때문에 화를 입은 것일까? 뿐만 아니라 석회석으로 만든 비석은 노천에서 빗물에 자연 용해되어 가고 있었다.

비석의 시문은 다음과 같은 두 수로 되어 있다.

*중국문화대혁명은 1966년 5월부터 1976년 10월까지 10년 동안 마오저똥毛澤東, 1893.12.26~1976.9.9에 의해 계획되고, 소위 사인방四人幇 즉 쟝칭江靑·장춘챠오張春橋·야오원위엔姚文元·왕홍원王洪文 등에 의해 감행된 대규모적인 상층구조의 이념투쟁 및 권력쟁탈 운동이다. 그들의 공식적 구호는 "반역은 정당한 것, 혁명은 무죄造反有理, 革命無罪"였다. 시문에 나오는 천바이다陳伯達는 당중앙문화혁명소조의 조장이고, 탄허우란譚厚蘭은 중국홍위병대표 중 한 사람이다.

萬惡四人幇　만악사인방

十年逞逆狂　십년령역광

少昊像顱碎　소호상로쇄

魯故城折光　노고성절광

三孔大破毀　삼공대파훼

周廟更遭殃　주묘갱조앙

수많은 악을 저지른 사인방

십년동안 역사에 역행하는 미치광이짓을 하였구나

황제黃帝의 아들 소호상의 머리를 박살내고

노나라 옛 고성을 완전히 무너뜨렸구나

공묘·공부·공림은 크게 파괴되었고

주공묘는 더욱 큰 재앙을 당했구나

賊罪臭千載　적죄취천재,

歷史誅巨奸　역사주거간.

首兇陳伯達　수흉진백달

作倀譚厚蘭　작창담후란

留此殘石在　유차잔석재

사인방의 죄악이 수천년을 더럽혔으니

역사는 그 죄인들의 죄를 물을 것이다

원흉 진백달

미치광이 담후란이 그 죄인이다

여기 깨지고 남은 돌에 새겨두어

대대로 변하지 않는 증거로 전하리라

곡부 노국고성 비석과 저우공먀오 정문

저우공먀오

이곳의 문화재가 파괴된 것은 비석의 기록으로 보면 1980년 5월 중순 때의 사건이다. 따라서 사인방이 이곳 문화재를 파괴한 것은 1976년 마오저뚱 사후에도 계속되었음을 알 수 있다.

주대 초기의 주공이 중국의 문물제도를 정비하고 완성한 것이 얼마였던가? 공자는 500년 이후 사람인데도 그를 숭모하여 꿈에도 잊지 못했는데, 이제 중국은 그를 아예 잊었단 말인가! 공자를 높인다면 그의 스승도 함께 대접해야 되는 것이 아닌가? 주공은 중국인에게 잊혀진 성인이 되었다. 오는 길목에서 안타까운 마음을 시로 정리했다.

〈周公廟 주공묘〉

孔子平生師周公　공자평생사주공

周公城外守閑宮　주공성외수한궁

師生一起遊於藝　사생일기유어예

魯國故城重彩虹　노국고성중채홍

공자는 일생동안 주공을 스승으로 생각했는데

주공은 이제 성 밖의 적막한 묘당을 지키고 있구나

스승과 제자가 함께 도를 즐긴다면

노나라 옛 성위에 아름다운 무지개 뜰 텐데

周公廟에서

역사 기록에 의하면 주공周公은 노나라 왕에 봉해졌으나 성왕成王을 보필하느라 부임할 수 없었으므로, 아버지 대신 아들이 노나라를 다스렸다. 성왕은 주공 사후에 그의 공을 기리기 위해 이곳에 저우공먀오를 세웠다 한다. 그렇게 보면 저공먀오는 어떤 형태로든 기원전 천 년 이전에 이미 있었던 것으로 봐야 할 것이다.

저우공먀오는 공자가 사는 곳에서 걸어서 한 시간 거리에 있으니, 공자는 평소 그와 정신적인 대화를 많이 했을 것이다. 심지어 공자는

공자연구원

꿈속에서 그를 만났다고 말한 것을 보면, 공자가 이곳을 얼마나 찾아 왔을까 짐작이 된다. 주공은 공자보다 500~600년 전 사람이지만, 공자는 주공이 노魯나라 시조 임금이며 주나라 문물제도를 완성한 사람이라고 생각하며 공경하였을 것이다. 이 때문에 나는 주공을 공자의 스승이라고 하는 것이다.

취푸 시내 중앙에 있는 우마쓰지에五馬祠街 시장 골목에서 간단히 점심을 먹고, 다시 콩먀오 앞에 가서 공자님께 하직인사를 하고 빈관으로 돌아왔다. 잠시 쉬었다가 취푸 시내에 있는 공자연구원孔子硏究院에 갔다입장료 40위안. 공자와 관련된 세계 각국의 자료조차 모두 말끔

공지의 철학사상과 유가학설이 우리나라 조선시대에 끼친 영향

하게 정리해 놓았다. 공자의 철학사상과 유가 학설이 우리나라 조선
시대에 끼친 영향에 대해 맨 앞에 자세히 정리해 놓았다.

나오는 길에 공자연구원 원장을 만나러 갔는데, 공자의 75세손인
콩샹린孔祥林 부원장을 만나게 되었다. 그는 춘천 향교에도 온 적이 있
다고 말하며, 그때 만났던 사람들의 명함도 보여주었다. 취푸에서 지
은 시 4수를 그에게 써주었다. 콩먀오孔廟·콩푸孔府·콩린孔林 등에
사용한 석재는 모두 취푸에서 생산되는 석회석이라는 것을 확인할 수
있었다. 혹자는 주사석朱砂石, 인재용이라고 말하는 사람도 있다. 그것
은 잘못된 정보이다. 콩 부원장이 자기의 시집 한 권을 선물로 주었다.

콩샹린 부원장과 함께

조상의 위업을 계승하기 위해 노력하는 모습이 보인다.

빈관으로 돌아와 오늘의 일을 정리했다. 며칠 동안 지내면서 이곳에 좀 익숙해졌는데, 내일 또 떠나려 하니 불안한 마음이 들었다. 불안이란 정보 부족 때문에 생기는 하나의 심리현상이다.

우리는 아침 6시에 일어나 취푸 시외버스 정류장에서 6시 40분 버스를 타고 타이산泰山으로 출발했다. 버스 운전기사는 아침을 먹어야겠다며 취푸 외곽에 이르렀을 때 20분을 쉬었다. 7시가 되어 취푸를 출발하여, 가는 길에 아무 데서나 사람을 태웠다. 취푸에서 타이안시泰安市까지 1시간 반이 걸렸으며, 아침 8시 30분이 되어 타이안역 앞에 도착했다.

숙소는 타이안역 앞에 있는 화루빈관華魯賓館인데 1박에 80위안본래는 100위안이었다泰安市 龍潭路 10號, 泰安市 華魯賓館, 0538-218-1386/1366, 팩스 0538-218-1388. 요즘은 다행히 여행 비수기라서 숙박비를 깎을 수가 있다. 우리는 하루 이틀의 여행이 아니므로 언제 어디서나 돈을 절약하지 않을 수 없다.

노트북 컴퓨터의 인터넷 연결이 제대로 되지 않자 빈관 관리인이 와서 컴퓨터에 자기네 IP주소를 넣어 주었다. 덕분에 지난 1월 24일 Marquis Who's Who in the World로부터 받은 이메일에 답장을 할 수가 있었다.

그렇게 노트북 컴퓨터 덕분에 인터넷 정보 교환은 물론 여행기를 그때그때 정리할 수 있어 너무 좋다. 여행기를 나중에 정리하려면 시간도 많이 걸리지만, 여행의 신선한 현장감이 떨어진다. 노트북 컴퓨터를 가지고 온 것이 여러 면에서 큰 다행이었다.

오전 11시가 넘어 타이안역 근처에서 국수 한 그릇을 먹고 타이산 입구까지 버스1위안를 타고 티엔와이춘天外村, 버스로 올라가는 코스 쪽으로 갔다. 요즘에는 대부분 사람들이 버스로 중티엔먼中天門까지 올라가기 때문에 티엔와이춘이 타이산의 제일 관문이 되었다. 많은 관광객이 편하게 버스를 타거나 여러 행사를 할 수 있도록 광장을 마련해 놓았다. 뿐만 아니라 그 일대를 공원으로 정리하여 산보 코스로도 좋은 곳이다. 가는 길 옆 공원에서 황금송 한 그루를 보았다. 알아보지 못하고 그냥 지나칠 뻔했다. 티엔와이춘 공원은 무료이기 때문에 많은

타이산 입구

타이산 남쪽 입구 홍먼

시민들이 산보를 하고 있었다.

티엔와이춘 쪽에서의 타이산 입장료는 125위안비수기인 12~1월에는 100위안이고 60~70세 노인은 그의 반액이고, 중티엔먼中天門까지 올라가는 버스요금은 올라가는데 20위안이고 내려오는데 18위안이다. 케이블카 요금140위안은 별도이다.

타이산 서쪽 등산코스 관문인 티엔와이춘에서 걸어서 동남쪽 등산

홍먼 옆 관공먀오의 향나무

코스인 홍먼紅門 쪽으로 걸어갔다. 도보로 무려 2시간이 걸렸다. 그렇게 먼 줄도 모르고 무작정 걸어갔는데, 길은 거의 등산로 수준이고 거리도 너무 멀었다.

그곳에서 다시 홍먼 입구까지 약 1시간 반을 걸어갔다. 홍먼 입구에는 관공먀오關公廟가 있다. 900년 가까이 된 재신묘財神廟이다. 오래된 묘당이라서 그런지 문 옆에는 수백년 된 향나무가 무게를 더해 주고 있었다. 후원에는 황죽黃竹이 한가롭게 속삭이며 바람에 흔들거리고 있었다.

　길거리 상점에는 온통 타이산석에 글씨를 새긴 것을 팔고 있었다. 제일 많은 문구는 "태산석감당泰山石敢當"이란 문구이다. 타이산의 돌은 경도가 높은 화강암이기 때문에 "세상의 모든 어려운 일을 태산의 돌처럼 꿋꿋하게 감당해낼 수 있다"는 뜻의 문구를 새겨 넣은 것 같다. 보통 사람이 세상을 사는 데는 아무래도 오래 참고 견디는 것이 제일 큰 지혜일 것이다.

　홍먼에서 입장료 내는 곳까지 한참을 올라갔다가 사진 몇 장 찍고 내려와 버스를 타고 빈관으로 돌아왔다. 산길과 도로를 다섯 시간 정도를 길이시인지 발가락이 아파 더 이상 움직일 수가 없었다. 빈관으로 돌아와 다녀온 느낌을 시문으로 정리했다.

〈泰山 태산〉

紫霞泰山不在高　자하태산부재고

安民撫野育英豪　안민무야육영호

靈神正氣承天德　영신정기승천덕

大聖明王受雅陶　대성명왕수아도

신비한 안개 자욱한 태산 높아서 명산이 아니라

백성을 편안히 먹고 살게 하여 영웅호걸을 길러냈음이리라

산의 신령스럽고 바른 기운은 하늘의 아름다운 덕을 받았으니

성현과 제왕들도 그의 훌륭한 가르침을 받았겠구나

泰山에서

9시에 빈관 앞에서 좁쌀죽과 만두를 먹고, 타이안 역 앞에서 3번 버스를 타고 홍먼紅門 앞끼지 갔다. 홍먼은 방위상 타이산 동남쪽에서 북쪽으로 올라가는 타이산동루泰山東路의 관문이다. 그러나 지금은 타이산동루 제일 석문은 이티엔먼一天門이고, 그 뒤에 공자등림처孔子登臨處라는 석문이 있다.

홍먼은 공자가 타이산을 올라갔다는 등산로 입구이다. 그래서 후세 사람들이 홍먼 앞쪽에 공자등림처孔子登臨處라는 석문을 세웠다. 공자는 동산에 올라가 노나라가 작다는 것을 알았고, 타이산에 올라가 천하가 작다는 것을 알았다고 한다. 마찬가지로 인仁의 도를 깨달은 공자에게 육경六經, 즉 詩書禮樂易春秋이나 육예六藝, 즉 禮樂射御書數는 제자를 교육하고 세상을 살아가는데 필요한 하나의 방편이었을 것이다.

공자등림처 석문을 지나면 홍먼紅門 바로 앞에 하늘로 통하는 계단

이티엔먼

공자등림처

티엔지에머

완시엔루

의 뜻을 가진 티엔지에天階라는 석문이 있다. 석문을 들어서면서 이 계단으로 가면 정말로 하늘로 통할 수 있을까? 석문 기둥에는 "인간이 하늘과 신령스레 호응하는 데는 타이산보다 더 좋은 데가 없고, 우뚝 솟아 아름다운 바위산으로는 타이산이 천하제일人間靈應無雙境, 天下巍巖第一山"이라는 문구가 새겨 있다.

타이산동루泰山東路는 걸어서 타이산을 올라가는 옛길인데, 여러 개의 석문石門이 서 있어 오래된 등산 코스임을 알 수 있었다. 한참을 올라가니 완시엔루萬仙樓가 있는데, 그 곳은 입장료를 받는 타이산의 대문이다. 타이산 입장료는 1인당 티엔와이춘 쪽에서의 입장료와 마찬가지로 125위안이고 보험료는 2위안이다.

타이산은 중국 오악五嶽＊ 중 으뜸이다. 우리 나라는 물론 중국에서도 산악 숭배 사상을 가지고 있다. 타이산을 올라가는 길은 모두 돌로 깔려 있거나 돌계단으로 되어 있었다. 곳곳에 물건 파는 사람들이 있

＊ 중국인의 숭배의 대상이 된 5대 명산은 중악인 숭산嵩山을 중심으로 동서남북에 동악·서악·남악·북악이 있다. 동악은 타이산泰山으로서 산동성山東省 타이안泰安에 있으며, 높이는 1,545m이다. 역대 제왕들이 천제를 올리면서 가장 유명해진 산이다. 서악은 화산華山으로서 싼시성陝西省 장안 동쪽에 있으며, 높이는 2,160m이다. 오악 중 가장 기이하게 생긴 산으로 유명하다. 남악은 형산衡山으로서 후난성湖南省에 있으며, 높이는 1,300m이다. 북악은 형산恒山으로서 허난성河南省에 있으며, 높이는 2,016m이다. 중악은 숭산嵩山으로서 중원의 허난성河南省 등펑登封에 있으며, 높이는 1,491m이다. 그 곳의 소림사는 달마대사가 9년간 면벽面壁한 곳으로도 유명하다.

었는데, 70~80세 된 백발의 할아버지는 영지버섯 서너 개와 산에서 나는 약초 몇 뿌리를 펴놓고 손님을 기다리고 있었다. 약간 추운 날씨인데도 한가하게 앉아 있는 모습이 너무 여유롭게 보였다. 그냥 멍하니 앉아서 지나가는 사람들을 구경하는 것보다는 작은 물건이라도 놓고 관광객들과 말이라도 걸어보려는 걸까?

홍먼에서 중티엔먼中天門까지 올라가는 등산로 옆 바위에는 "청미료靑未了"라는 글자가 새겨져 있다. 그것은 뚜푸杜甫의 〈망악望岳〉이라는 시구 중 "대종부여하, 제로청미료岱宗夫如何, 齊魯靑未了, 태산이란 어떤 곳이길래, 제와 노의 땅을 푸르게 함이 그침이 없는가."에 있는 말이다. 〈망악〉이란 시는 뚜푸가 타이산의 덕을 노래한 것이다. 나도 뚜푸의 〈망악〉을 차운하여 시 한 수를 지어보았다.

〈望岳 망악〉(杜甫)

岱宗夫如何 대종부여하

齊魯靑未了 제로청미료

造化鍾神秀 조화종신수

陰陽割昏曉 음양할혼효

盪胸生層雲 탕흉생층운

決眥入歸鳥 결자입귀조

會當凌絶頂 회당릉절정

一覽衆山小 일람중산소

태산이란 어떤 곳이길래,

제와 노의 땅을 푸르게 함이 그침이 없는가?

태산의 조화는 빼어난 기운을 한자리에 모았고,

음양의 이치는 산을 남북으로 갈랐구나.

가슴 후련하게 층층의 구름은 솟구치고,

크게 뜬 눈 속으로 새가 들어온다.

친구들과 함께 정상에 올라,

뭇 산들의 작음을 둘러보리라.

〈次杜甫望岳詩韻 차두보망악시운〉

天門不可測 천문불가측

雲霧掩蒙了 운무엄몽료

遊客喘呼吸 유객천호흡

商人盼洞曉 상인반동효

燒香祈萬福 소향기만복

落果哺冬鳥 낙과포동조

流汗洗胸中 유한세흉중

何須論大小 하수논대소

천문이 어딘지 알 수 없는 것은

운무가 가렸기 때문

관광객은 숨을 몰아쉬며 올라가는데

상인은 골짜기의 아침을 반기는구나

사람들은 향을 피우며 복을 비는데

나무는 서울새에게 먹이를 주는구나

흐르는 땀으로 가슴 속을 씻어버렸으니

크고 작음을 비교할 필요가 어디 있겠나

泰山에서

　등산로 중간 중간에는 도교 사찰인 도관道觀이 있다. 도관은 등산객들의 피난처나 쉼터 역할을 하면서, 소원까지 들어주는 토탈 써비스를 하고 있는 곳이다. 그런 곳을 지날 때면 사람들의 소원이 무엇인가 궁금해진다. 중티엔먼中天門 가는 길 중턱 쯤에는 후티엔거壺天閣가 있다. 호천壺天이란 호중천壺中天 또는 호중천지壺中天地의 준말로서 별천지나 선경仙境을 의미한다. 그 말은 본래 한 대의 선인仙人 호공壺公이

도관 나무에 매단 소원을 비는 띠

후티엔거 정문

하나의 항아리를 집으로 삼고 술을 즐기며 세속을 잊었다는 고사에서 유래한 것이다.

거의 중티엔먼에 도착할 무렵 빗방울이 떨어지기 시작하여 이내 돌계단이 미끄러웠다. 오전 9시 40분 홍먼에서 시작하여 12시가 되어 중티엔먼에 도착하였다. 보통 사람들이 1시간 반이면 올라 갈 수 있는 곳을 우리는 2시간 20분이나 걸렸다. 대부분 돌로 바닥을 깔았거나 돌계단으로 만든 등산로는 생각보다 힘들었다. 많은 젊은이들이 타이산 끝까지 걸어서 올라가는 것이 부러웠다.

비가 점차 많이 왔다. 디이신은 십시리 지기 모습을 보여주지는 않을 것 같다. 구름과 안개 때문에 잘 보이지도 않을 뿐만 아니라 날씨도 추운데 굳이 꼭대기까지 올라갈 필요가 없어 하산을 결정했다. 아쉽지만 다음에 또 기회가 있을 것이다.

내려 올 때는 서쪽 티엔와이춘天外村 코스로 버스를 타고 내려왔다. 이미 다리에 힘이 다 떨어지고 비까지 와서 더 이상 걸을 수가 없었다. 버스를 타고 내려오는 길은 한계령과 유사했으나, 풍광은 설악산 한계령이 오히려 더 아름답다.

만약 올라갈 때 버스 타고 중티엔먼까지 갔더라면 타이산에 대해 아무런 말도 없을 뻔 했다. 걸어 올라갔기 때문에 몸은 무거워도 마음은 훨씬 가벼워졌다. 땀을 흘린 보람이 있었다. 내려올 때는 피곤하여

타이산 중티엔먼

차 안에서 정신없이 졸았다. 빈관으로 돌아와 오늘의 타이산 등반을
정리했다.

〈泰山中天門 태산중천문〉

灰雲不讓露名山　회운불양로명산

白髮神仙入道觀　백발신선입도관

膝痛臏酸爬萬陛　슬통빈산파만폐

燒香跪拜祈平安　소향궤배기평안

흐린 날씨는 중국 제일 명산을 끝내 보여 주지 않았고

백발의 신선은 도관으로 들어가 보이지 않는구나

계단을 오르느라 무릎이 아프고 발목이 시근거리지만

향을 피우며 무릎 꿇고 평안을 비는구나

泰山 中天門에서

타이산 등산로 중 타이산동루泰山東路는 고대 중국 제왕들이 타이산을 올라가 하늘과 통하는 신성한 길이었다. 그래서 타이산 등산로 곳곳에는 천문天門·천가天街·천로天路 등과 같은 이름이 덧붙어 있다. 한대 이후부터이지만 중국 도교의 성지이기도 하다.

아침을 먹고 타이산동루의 출발점인 타이안泰安 시내의 따이먀오伐廟로 갔다. 따이먀오는 겹지붕의 구조로서 중국 3대 건축물* 중 하나이다. 진시황 이래 한무제, 당태종 등 역대 72명의 제왕들이 봉선제封禪祭를 올렸던 곳이다.

따이먀오의 본전인 티엔쾅디엔天貺殿에는 타이산을 지키는 여신이

* 중국 3대 건축물은 베이징의 쯔진청紫禁城, 취푸曲阜 콩먀오孔廟의 따청디엔大成殿, 그리고 따이먀오의 티엔쾅디엔天貺殿이다.

타이산 따이먀오 티엔쾅디엔

모셔져 있다. 그리고 따이먀오 동쪽에는 제왕들이 타이산에 오면 머물
던 행궁行宮이 있다. 행궁 정원에는 한무제가 심었다는 편백나무인 한
백漢栢과 한백의 이름을 딴 한백정漢栢亭이 있다. 한백은 우리나라의
편백나무와 비슷한데 같은 수종인지는 알 수 없다. 후원에 있는 분재
전시장에는 잣나무 백栢자를 쓰는 용백龍栢이니 주백朱栢이니 또는 고
백古栢이니 하는 나무도 있다. 어쨌든 늘 푸르고 장수하는 나무로 국가
의 번창을 기원했던 것 같다.

행궁의 옥좌

〈岱廟 대묘〉

皇帝爲民臨大殿　황제위민임대전

引臣率相擧封禪　인신솔상거봉선

桓公祭岱高官反　환공제대고관반

治國正名百姓援　치국정명백성원

역대 제왕들이 정치를 할 때

문무백관을 거느리고 봉선제를 올렸다

임금이 제를 올리려도 신하가 반대하지만

명분이 바로 서면 온 백성이 도와준다

泰山 岱廟에서

　행궁 앞 정원에 있는 손가락 굵기의 가는 황죽黃竹 숲에서는 바람 불 때 묘한 소리가 났다. 그 소리가 아주 인상적이었다. 황죽의 댓닢 끝이 약간 말라 이파리가 서로 부빌 때 나는 사그락 사그락거리는 소리가 선비들의 청담淸談 같다. 황제는 과연 선비들의 청담을 들어보려 했을까? 행궁 인 속과 오른 쪽 기둥에는 주련柱聯으로 "어찌 만민에게 황제 한 사람만 떠받들도록 하겠는가?豈爲天下奉一人"라는 글귀를 써 놓았다. 그런 것이 과연 역대 제왕들의 진심이었을까?

〈行宮黃竹 행궁황죽〉

岱廟行宮栽竹林　대묘행궁재죽림

賢君德帝聽篩音　현군덕제청소음

冬風夏雨無間斷　동풍하우무간단

萬葉千竿爲世箴　만엽천간위세잠

태산의 대묘 행궁에 대나무를 가꾼 뜻은

타이산 따이먀오 행궁의 황죽림

어진 임금이 선비들의 소리를 들으려는 것

세상에는 언제나 어려움이 있으니

선비의 소리를 거울로 삼고자 함이었으리

泰山 岱廟行宮에서

행궁 앞뜰과 회랑에는 옛 사람들의 글씨를 새긴 비석들이 채우고 있다. 그 중에는 진시황 때 분서갱유焚書坑儒를 주도했던 이사李斯의 전서체篆書體 비석도 보존되어 있다. 태산에 있던 것인데 이곳으로 옮겨 놓고 그것도 훼손될끼뵈 유리창을 달아 놓았다. 그것이 태산에서 가장 오래된 비석이라 한다. 이 비석은 기록에 의하면 본래 타이산 정상에 있는 옥녀지玉女池 옆에 있던 것으로서 총 222자였는데, 1740년 건륭제 때 화재로 훼손되어 지금은 "斯臣去疾昧死臣請矣臣"이란 10자의 비석 조각이 남아 있다. 참으로 아이러니하다. 이사가 다시 태어난다면 무슨 말을 할 수 있을까?

돌아오는 길에 베이징 가는 열차표한 사람에 79위안를 샀다. 정해진 자리가 없다고 한다. 만의 하나 자리가 없으면 7시간을 서서 가야 한다. 승객이 많으면 어떡하나 걱정이 된다. 잘 되겠지.

　　우리는 아침을 대충 먹고 타이안泰安 역으로 가서 8시 30분에 베이징北京 가는 기차를 탔다. 사람이 많아 차에 타는 것 자체가 어려웠다. 비집고 들어가 겨우 발을 붙일 수가 있었다. 이렇게 7시간을 서서 가야 한다고 생각하니 눈앞이 캄캄했다. 남녀노소 막론하고 누구 하나 자리 양보하는 사람이 없었다.

　　침대열차에는 끓는 물이 나와 컵라면이나 차를 마실 수도 있지만, 일반열차의 경우는 많이 다르다. 여행객들이 냄비에 후라이팬뿐만 아니라 휴대용 가스렌지 등 별별 도구를 다 가지고 다니면서 두 세끼 식사를 기차 안에서 해결한다. 그래서 기차 안은 그야말로 북새통이다. 뿐만 아니라 쓰레기를 아무데나 버리는 것은 물론 침도 함부로 뱉는다. 답답한 마음을 달래기 위해 통로에 쭈그리고 앉아 시를 한 수 지었다.

〈列車 열차〉

從岱至京鐵路過　종대지경철로과

人多氣悶無空座　인다기민무공좌

不知讓位長時辰　부지양위장시진

只立車巷等客下　지입차항등객하

태산에서 북경까지 열차

사람은 많고 공기는 답답하며 빈자리 하나 없구나

자리 양보할 줄 모르는데 긴 시간 동안

단지 복도에서 기다릴 수밖에

泰山에서 베이징 가는 열차 안에서

한 시간 정도 지난 후 다행히 중간에 내린 사람이 있어 겨우 앉을 수 있었다. 일단 몸이 편해지니 살 것 같았다. 사람들이 많아 화장실에 가기도 어려워 베이징 역까지 줄곧 7시간을 앉아서 왔다. 베이징까지 가는 기찻길 옆 곳곳에는 아파트나 각종 건물을 짓고 있는 것이 온통 신도시 건설 현장 같다.

드디어 우리는 베이징 역에 도착했다. 우리가 머물고자 하는 곳은 류리창琉璃廠 부근인데, 어떻게 가는지 몰라 옆 사람에게 물었다. 마침 아내의 옆자리에 앉아온 젊은 사람이 역 건너편 버스 정류장까지 와서 친절하게 안내해 준 덕분에 류리창까지 쉽게 올 수 있었다. 모르는 사람이지만 자기 갈 길도 먼 데 우리가 타야 할 시내버스가 있는 곳까지 안내해줘서 너무 고마웠다.

우리는 숙소를 류리창琉璃廠 부근에 있는 빈관으로 정했다. 류리창은 본래 궁중에서 사용하는 유리를 생산하던 공장이 있던 곳이다. 그러나 지금은 문방사우와 그림이나 서적을 파는 전통문화의 거리로 변한 곳이다. 조선의 선비나 사신이 중국에 오면 이곳 부근에서 머물면서 각종 서적이나 문방사우를 구입했던 곳이다. 그런 역사의 거리라고 생각해서인지 다시 보였다. 숙소는 웨이펑빈관魏風賓館, 北京 宣武區 南新華街 58號 4F (010)8315-6558, 6559이며, 하루에 80~150위안 정도인데 돈을 아끼느라 창문이 없는 방으로 80위안짜리를 선택했다. 날씨가 추운 날은 오히려 좋지만 날씨가 따뜻한 날에는 답답하여 문을 조금 열어 놓아야 잠을 잘 수가 있다.

베이징 날씨는 맑아서인지 타이산이나 취푸보다 오히려 따뜻했다. 그리고 보니 이번 여행에서 하늘의 태양을 본 지도 꽤 오래됐다. 타이베이에서 일주일 정도, 그리고 설 무렵 상하이에 있을 때 2~3일 정도가 고작이었다. 그것도 쾌청한 날씨는 아니었다. 저녁에는 오랜만에 달도 볼 수 있어 좋았다. 저녁을 먹고 나니 여기저기서 폭죽을 터뜨리어 온 시내가 화약연기로 가득 찼다. 빈관 관리인에게 오늘이 무슨 날이냐고 물었더니 웬샤오지에 元宵節라고 대답했다. 웬샤오지에는 우리나라에서 오곡밥을 지어 먹고 한 해를 건강하게 준비하는 정월 대보름날이다.

〈元宵節 원소절〉

元宵爆竹繡天空　원소폭죽수천공

滿月烟中盼面紅　만월연중반면홍

國際金融爲好轉　국제금융위호전

今年世界都亨通　금년세계도형통

정월 대보름 폭죽놀이 밤하늘을 수놓으니

대보름달이 연기 속에서 붉게 물드는구나

국제금융위기가 호전되어

금년에는 세계 각국이 모두 만사형통하기를

北京 琉璃廠 웨이펑빈관에서

아침에 세탁소에 가서 양복 상하의를 다려 입었다.5위안 지하철 2호선을 타고 씨즈짠西直站까지 가서 다시 7번 버스를 타고 런민대학人民大學으로 갔다. 런민대학 입구의 큰 돌에 실사구시實事求是라는 교시가 새겨 있다. 강원대학교와 마찬가지로 백성들의 실용 가치를 제일로

런민대학

추구하기 때문일까? 오늘은 런민대학 국학원 부원장 황푸민黃朴民 교수를 만나러 갔다. 그런데 오늘까지 쉬는 날이라 나오지 않았다.

런민대학 서문 쪽으로 나가 점심을 먹었다. 양복 웃옷을 의자 뒤에 걸어놓고 점심을 먹었는데 그 사이에 누가 양복 안주머니에서 지갑을 빼갔다. 정말로 황당했다. 먼저 한국에 있는 카드회사로 분실신고를 했다. 그래도 천만다행으로 여권을 다른 곳에 넣어 두어 큰 화를 면했다.

강원대학 철학과를 졸업하고 베이징대학 철학과에서 석사과정에 나니는 학생의 아파트로 가서 이메일을 열어보고 논문에 관한 몇 가지 문제를 지도해주고 돌아왔다. 빈관으로 돌아오자 아내는 울음을 터트리고 말았다. 그동안 제대로 먹지도 못하고 불편한 곳에서 인내하며 아낀 돈을 한 순간의 부주의로 잃고 나니 너무 억울한 생각이 든 것이다. 나도 정말로 화가 나고 너무 황당해서 아무런 생각도 나지 않았다. 하루 빨리 귀국하고 싶은 생각뿐이었다.

중국에서는 물론 국내에서도 옷을 벗어 의자에 걸어 놓아서는 안 된다. 부득이 한 경우에는 소지품을 다 빼내고 옷을 앞에다 놓아야 한 다. 어이없이 이렇게 당하고 나니 길에 지나다니는 사람들조차 무서워 졌다. 그러나 어찌하겠는가? 이번 한시기행을 제대로 마무리해야 하 지 않는가? 마음을 다시 가다듬었다.

〈告小偸 고소투〉

乞丐求錢解吃飯　걸개구전해흘반

精神世界自由很　정신세계자유흔

小人偸物賣良心　소인투물매량심

寶貴人生多麽損　보귀인생다마손

거지는 구걸하여 먹고 살지만

정신세계는 얼마나 자유로운가

소매치기는 남의 물건 훔쳐 양심을 파니

고귀한 인생 얼마나 손해인가

人民大學 西門前에서

아침에 런민대학에서 고재욱 교수님과 만나서 함께 베이징대학北京大學으로 갔다. 고 교수님의 안내로 베이징대하 교정 여기저기를 돌아보며 설명도 들었다. 교내에 있는 인공호수의 명칭에 대한 이야기도 들었다. 인공호수를 파 놓고 작명을 하려 회의를 열었으나 누구의 것도 채택되지 못했다는 것이다. 그래서 치엔무錢穆 교수가 제안하기를 그냥 이름 없는 호수로 놔두자는 뜻으로 웨이밍후未名湖라는 말을 했다는데, 모두 그렇게 하자고 동의하였다는 것이다. 그런데 그것이 이름이 되고 말았다는

베이징대학

베이징대학

것이다. 그렇게 아이러니하지만 이름이 아닌 것을 이름으로 부르게 되었으니, 결과적으로 치엔무가 노자老子보다 한 수 위인가? 노자는 『도덕경』에서 억지로 이름 붙여 대大라고 하고, 자字를 도道라고 했는데, 치엔무의 웨이밍후未名湖는 이름 아닌 것이 이름이 되었으니 말이다.

〈未名湖 미명호〉

寒竹凍湖尙晩冬 한죽동호상만동

細柳軟色知東風 세류연색지동풍

靑蝸水鳥迎時雨 청와수조영시우

웨이밍후

水塔燕園接彩虹 수탑연원접채홍

얼어붙은 대나무와 호수는 아직도 한 겨울인데

버드나무가지엔 봄바람이 이는구나

개구리와 물새가 비를 맞이할 때 쯤

수탑가의 미명호엔 무지개 피어나리

北京大學 未名湖가에서

웨이밍후 가에는 높은 탑이 하나 있는데, 탑의 이름은 쉐이타水塔 또는 보야타博雅塔라고 부른다. 중국식 이름으로 보야博雅라는 미국인 이 돈을 기부하여 세운 것인데, 그 형태는 북주北周 시대의 통저우通州

에 있는 연등탑燃燈塔을 본 뜬 것
이라 한다. 1924년 164척 깊이
를 파서 대학의 용수를 공급하
는 수탑으로 사용하고 있다.

　베이징대학 철학과 정문에
서 고재욱 교수와 함께 사진을
찍고 학교 식당에서 점심 식사
를 했다. 어제 지갑을 잃어버려
아직도 마음이 불안한데, 선배
교수님을 만나니 위안이 되었다.
우리는 식사 후 중국차 집하
장 및 도매집하장인 마리엔따오

쉐이타

루馬連道路로 갔다. 베이징의 중국차 도매시장답게 규모가 엄청나게 컸
다. 고 교수님과 막역한 사이의 스님이 경영하는 찻집이다甘也 梁光俊스
님, 草衣茶室, (010) 6328-1177. 北京市 宣武區 馬連道茶城 2F 13-25. 푸얼차普洱
茶, 우이산암차武夷山岩茶 등 여러 종류의 차를 마셨다. 그중 우이산 암
차는 향이 좋았다.

　집으로 돌아오는 길에 버스길을 몰라 30분 정도 걸었다. 런민대학
가느라 양복에 구두를 신었기 때문에 발이 아프고 불편했다. 숙소 바

로 옆에 있는 류리창이지만 한 번도 가게 안을 구경하지 못했다. 잠시 들러본 후 숙소에 돌아와 홍콩 중문대학中文大學에 가 있는 짠항룬詹杭倫 교수에게 메일을 보냈다.

〈琉璃廠 유리창〉

朝鮮學士求文隆　조선학사구문륭

主客隔窓價不通　주객격창가부통

今世圖書還可以　금세도서환가이

文房四友亦輕鬆　문냉사우역쟁송

조선시대 학자들이 글공부를 왔을 때

지필묵 사려하나 가격이 안 맞네

오늘날 도서비는 그런대로 괜찮고

문방사우 역시 비싸지 않구나

北京 琉璃廠에서

중국은 요즘 60년만에 최고의 가뭄이라는데, 아침부터 비가 조금씩 내렸다. 중국 전역에 가뭄이 들어 원자바오溫家寶 총리까지 나서서 밀과 보리밭에 물주기를 독려하고 있다.

아침 식사 후 바로 이허위엔頤和園으로 갔다. 빈관에서 이허위엔까지는 1시간 반 정도 걸렸다. 시내버스 안에서 젊은이가 자리를 양보하는 모습을 보면서 지난 번 타이산에서 베이징으로 올 때 열차안의 살벌한 분위기와는 너무 대조적이다.

관자管子, B.C.725~645는 "창고가 가득 차면 예절을 알고, 의식이 족하면 영욕을 안다倉廩實, 則知禮節. 衣食足, 則知榮辱. 『管子』「牧民」"고 말하고, 맹자孟子, B.C.372~289는 "백성은 먹고 살 직업이 없으면 그 때문에 본심을 지키지 못 한다民則無恒産, 因無恒心『孟子』「梁惠王上」7章."고 말하지 않았는가? 베이징만 해도 여러 가지로 여유 있는 사람들이기 때문에 서로 양보하고 예를 지키는 것 같다. 그런 것은 언제 어디서든지 마찬가지가 아니겠는가?

시내버스에서 내려 이허위엔頤和園으로 갔다. 우리는 이허위엔의 북궁문北宮門 입구로 갔다. 모든 곳을 다 구경할 수 있는 입장권인 통표는 50위안인데, 우리는 기본표 20위안짜리를 샀다. 필요하면 더 보기로 했다. 결과적으로 그렇게 하길 잘했다. 그 많은 곳을 다 보기란 사실상 무리다. 또 실제 가 보면 특별히 다른 것도 없다. 다시 올 기회는 또 있기 때문에 기본적인 것만 구경해도 충분했다.

우리는 북궁문 쪽으로 들어가 불당을 거쳐 완서우산萬壽山 꼭대기

이허위엔의 북궁문

까지 올라갔다. 그곳에서 츠시타이허우慈禧太后가 살던 궁전 쪽으로 내려갔다. 츠시타이허우궁 근처까지 갔을 때 비가 본격적으로 내리기 시작했다. 요새 많이 가물어서 비가 오는 것은 좋지만 길바닥이 미끄럽고 추워 고생을 했다.

10여 년 전에 철학과 학생들과 같이 왔을 때도 느꼈지만, 정치권력의 힘이 이렇게 막강한가 하는 생각이 들었다. 쿤밍후昆明湖도 인공호수이고, 완서우산萬壽山도 인공산이라 한다. 물론 호수와 산 전체를 모두 인간의 힘으로 만든 것은 아니지만 모양을 위해 돌을 쌓아 붙여 만든 곳도 있다. 여러 부분을 인공으로 만든 흔적이 보였다. 그 과정에서 백성들은 군주에게서 벼슬이나 재물을 얻으려고 자기 능력을 최대한 발휘하고, 군주는 백성에게 벼슬이나 재물을 주고 그 능력을 사려한 점이 일치되어 그런 대역사가 이루어졌을 것이다.

〈頤和園 이화원〉

松柏依岩數百年 송백의암수백년

高姿潔態如神仙 고자결태여신선

昆明湖畔頤和園 곤명호반이화원

皇帝妃嬪萬壽延 황제비빈만수연

石舫渡人何可救 석방도인하가구

이허위엔

高城防賊何爲全 고성방적하위전

梳風沐雨耕田野 소풍목우경전야

順性安心樂俗緣 순성안심락속연

백송과 측백나무 바위틈서 수백년

깨끗한 자태 신선 같구나

곤명호반의 이화원

황제와 비빈은 만년을 살려했네

돌로 만든 배로 어떻게 사람을 건네주고

높은 성만으로 어떻게 적을 완전히 막을 수 있으랴

바람 쐬고 비 맞아도 자기할 일 충실히 하고

본성에 따라 편안한 마음으로 세상을 살아가리

頤和園에서

아침에 티엔안먼天安門 광상 쪽으로 길을 걸어가다가 여행객을 모집하는 여행사직원을 만났다. 그렇지 않아도 오늘은 빠다링八達嶺 만리장성, 명13능 1일 관광을 가려고 했다. 관광 요금은 한 사람에 100위안씩이다. 인터넷이나 광고 정보지에서는 150위안짜리가 많았는데, 다행히 싼 여행사를 만났다. 전체 18명이 함께 여

티엔안먼 광장

빠다링장성 ↑ →

행을 하게 되었다. 베이징 시내에서 빠다링 장성까지는 버스로 1시간 반가량 걸렸다. 상당히 먼 거리였다. 우린 있지도 않은 시내버스를 타고 갈 생각을 잠시 했었으니 몰라도 너무 몰랐다.

빠다링장성八達嶺長城을 1시간 구경하고 명13능으로 이동하는 과정에서 옥 전시 및 판매장에 갔다. 그 곳에서 점심을 먹고 나서 베이징 특산품점에서 각종 건과류를 시식하고 티베트 불교사원으로 갔다. 그 곳에서 생불生佛이라는 사람을 친견하는 과정도 있었다. 종교는 믿음으로 성립되는 것인데, 나 같은 사람에게는 그런 것이 없어서인지 아무런 느낌도 없었다.

시내로 돌아오는 길에 옥을 파는 상점에 들렀다. 사장이 직접 나와 설명을 하고 안내를 했다. 오늘 오후에 지은 〈빠다링장성八達嶺長城〉 시문을 그에게 주었다. 마침 함께 여행하던 고교 졸업예정자 중에 아나운서가 꿈인 여학생이 나의 시를 읊었는데, 그것을 듣고 모두가 크게 환호성과 함께 박수를 쳤다. 내가 지은 것이지만, 읊는 사람의 목소리와 감정표현이 좋아 정말 멋있다는 생각이 들었다. 사장도 흥분한 탓인지 매장에 직접 가서 1,000 ~2,000위안하는 물건을 100위안 또는 50위안에 팔겠다고 했다. 매장 직원들도 눈을 휘둥그레 뜨고 긴장하는 모습이었다. 나는 돈이 없어 아예 아무 것도 사지 못했다. 다음 〈팔달령장성〉은 짠항룬詹杭倫 교수의 시문을 차운하여 지은 것이다.

〈八達嶺長城 팔달령장성〉

長城萬里迎暘光 장성만리영양광

氷凍山川將綠妝 빙동산천장록장

半白夫妻握互手 반백부처악호수

丹紅小姐配情郎 단홍소저배정랑

全家歡樂開鴻瑞 전가환락개홍서

積善行慈含德香 적선행자함덕향

靈岳天山連不斷 영악천산연부단

黃河入海展華裳 황하입해전화상

장성 만리에 따뜻한 햇볕이 쬐이니

얼어붙은 산천은 봄빛이 감도는구나

반백의 부부 서로 손을 맞잡고

아리따운 아가씨 애인과 함께 왔네

온가족이 행복하면 만복이 열리며

선행을 쌓으면 덕향을 머금음

신령스런 천산신맥 끊임없이 이어지듯

누런 강물이 바다로 흘러 아름답게 펼쳐지듯

八達嶺長城 아래에서

〈八達嶺紅葉 팔달령홍엽〉(詹杭倫 敎授)

滿山紅葉絢秋光　만산홍엽현추광

恰似天孫著晩妝　흡사천손저만장

赤道扁褊褘軍水袖　적도편편휘수수

長城默默扮情郎　장성묵묵분정랑

流光溢彩自然美　류광일채자연미

驚艶絕倫時尙香　경염절륜시상향

何懼年年霜露降　하구년년상로강

登臺閃亮秀霓裳　등대섬량수예상

온 산의 단풍나무 가을빛의 현란함이여

마치 천녀가 노을로 단장한 것 같구나

한 여름은 장마를 휘몰아갔고

만리장성은 묵묵히 산천을 단장하는구나

흘러넘치는 채색 자연의 아름다움이여

놀랍게 요염함은 도리를 잃을 만큼 아직도 향기롭구나

어찌 두려우랴! 매년 이슬과 서리가 내린다 해도

높은 누대 위에 반짝이는 빛은 무지개 치마 같구나

요즘 매일 빈관 근처 뒷골목의 항저우샤오롱빠오杭州小籠包 음식점에서 식사를 했는데, 오늘은 저녁을 먹으며 시 한 수를 지었다. 두 세 평 밖에 안 되는 작은 식당이지만 30~40대의 젊은 부부가 음식을 깔끔하고 맛있게 한다.

〈杭州小籠包 항주소롱포〉

小籠包愛情　소롱포애정

米粥盛昌榮 미죽성창영

每日扶人健 매일부인건

芳名傳北京 방명전북경

만두는 애정을 싸고

쌀죽은 번영을 담는구나

매일같이 사람들의 건강을 도와주니

아름다운 그 이름이 베이징에 퍼지겠구나

杭州小籠包에서

항저우샤오롱빠오

우리는 아침부터 쯔진청紫禁城 앞으로 걸어갔다. 쯔진청 앞 민가는 아직도 고풍스런 형태로 남아 있다. 골목 이름도 대만에서는 샹巷을 쓰는데, 베이징에서는 후통胡同이란 명칭을 사용하고 있다. 골목의 가옥들은 서울 중심의 한옥마을처럼 고풍스럽다.

쯔진청 앞에는 많은 관광객들이 줄을 서서 여행가이드의 말에 귀를 기울이고 있거나, 학생들이 선생님을 따라 소풍가거나 병사들이 장수를 따라 행군을 하듯 일렬로 줄을 서서 깃발을 따라가기도 한다. 성문 앞의 사자상은 그런 모습이 재미있다는 듯 내려다보고 있다.

깃발은 색깔과 모양들이 각기 다른데, 어떤 팀은 모자까지 같은 색깔과 모양으로 맞추어 쓰기도 했다. 여행객은 수 천 명 이상 되어 보였다. 쯔진청 안으로 들어가니 역시 그 곳에도 사람들이 많아 줄을 서서 다니고 있었다. 그 속에는 서양인도 가끔 보였고, 우리나라에서 온 단

쯔진청

성문 앞의 사자상

체 관광객들도 보였다. 아내와 나는 쯔진청의 고궁박물원 정문인 오문午門 앞까지만 들어갔다. 중국의 중요한 유물은 타이베이 고궁박물원에서 다 보았기 때문이다.

우리는 오문 앞의 동쪽 문으로 나가 성벽외곽에 있는 해자垓字 가로 갔다. 해자에는 아직도 두꺼운 어름으로 덮여 있는데, 일부는 어름이 녹아 바람에 물결이 일며 햇빛에 반짝이고 있었다. 그 가장자리에 심은 수양버들의 가지는 이미 연두색을 띠고 있었다. 나뭇가지 끝에는 벌써 봄이 오고 있는 것일까? 쯔진청의 뒷길로 이어진 해자는 아주 평온하고 아름다웠다. 그 곳으로 오길 잘 한 것 같다. 한가히 남다른 정취를 느낄 수 있는 좋은 시간이었다. 봄비 내리는 어느 봄날 오후 다시 그 길을 걷고 싶었다.

다시 티엔안먼 광장으로 나와 치엔먼시따지에前門西大街에서 점심을 먹고, 치엔먼따지에前門大街 쪽으로 가는 길에 베이징따완차北京大碗茶집에서 차를 한 잔 마셨다. 상점 기둥의 주련에는 "노이분봉헌일편단심老二分奉獻一片丹心"이라 쓰여 있었다. "단돈 2分0.02위안, 한화 4원에 차 한 사발의 일편단심을 바친다"는 말이다. 1982년부터 지금까지 영업을 했다고 한다. 그것은 영업활동이 아니라 봉사활동을 하는 셈이다. 베이징따완차北京大碗茶의 주인은 라오서차관老舍茶館이라는 3층짜리 건물을 지어 차와 경극 · 무술 · 무도 · 마술 · 곡예 등을 함께 관람

티엔안먼 광장 남쪽 끝의 前門

할 수 있도록 해 놓았다. 관람료는 관람 종류에 따라 180위안에서 380위안까지 여러 종류가 있다.

우리도 점심을 먹으며 물을 마시지 못했다. 음료수라고는 콜라 같은 탄산음료뿐이었기 때문에 그냥 나온 터였다. 박차薄茶이지만 길거리에서 차를 한잔 마실 수 있는 곳이 있다는 것이 고마웠다. 차 한 잔의 고마움에 시 한 수 지어 주인에게 주고 왔다.

〈北京大碗茶 북경대완차〉

轍鮒連生命　철부연생명

何需要太湖　하수요태호

二分一碗水　이분일완수

好走苦行途　호주고행도

목마른 붕어가 목숨을 연명하는 데

어찌 큰 호수의 물이 필요하겠는가?

목마른 길손에겐 싼 차 한 사발이면

힘든 길도 잘 갈 수 있는데

베이징 前門西大街에서

베이징따완차에서 차 한 사발을 마신 후 남쪽으로 가다보니 따짜란大柵欄에 이르렀다. 실은 아무것도 모르는 채 많은 사람들이 가기에 뭔가 재미있는 일이 있을 거라고 생각하며 따라간 것이다. 그 곳에 가니 먹을거리를 많이 팔았고, 약이나 옷 등 일반 상품도 많았다. 그래서인지 우리는 관광객들에게 밀려다녔다. 상하이와 베이징에서 소매치기에게 당한 일이 생각나서 많은 사람들이 오가는 곳은 겁이 났다.

방향만 빈관 있는 쪽으로 잡고 걷다 보니, 그 끝에 우리가 묵고 있는 빈관이 있었다. 아는 사람 같았으면 10분이면 올 수 있는 길이건만 우린 알지 못했으므로 돌고 돌아서 2~3시간이나 걸렸던 것이다. 이처럼 우리의 세상살이도 정보에 어두우면 힘들게 사는 것이 아닐까? 아는 것은 뭐든 쉽게 느껴지지만 모르는 것은 언제나 우리를 힘들게 한다.

아침 날씨가 매섭게 추웠다. 잠바와 모자를 뒤집어쓰고 길을 걸어도 찬바람이 가슴 속으로 들어 왔다. 특히 얼굴과 목이 힘들다. 오늘은 쯔진청紫禁城을 외곽으로 한 바퀴 돌기로 했다. 쯔진청 서쪽 외곽길인 난창지에南長街를 걸어서 쯔진청의 북문으로 갔다. 쯔진청의 북문은

난창지에

고궁박물원

고궁박물원故宮博物院이란 간판을 붙여 고궁박물원의 정문으로 사용하고 있다. 쯔진청 남문에서 북문까지는 약 1시간 반이 걸렸다. 북문을 거쳐 다시 동문 쪽으로 갔다. 그 곳은 어제 왔던 길이다.

쯔진청 전체 한 바퀴를 돈 것이다. 대부분 사람들은 성 안쪽의 고궁박물원 중심으로 관광하는데, 우리는 바깥 해자를 따라 한 바퀴를 돈 것이다. 시계 방향으로 한 바퀴 도는데 아마 3시간이 넘게 걸린 것 같다. 성안은 바깥 세상과 천지차이가 나겠지만, 나 같은 사람은 바깥 세상이 좋다. 바깥은 부족한 것이 많아도 대신 맘대로 살 수 있지 않은 가.

〈紫禁城 자금성〉

高壁深垓一大籠　고벽심해일대롱

民聲士奏難傳通　민성사주난전통

明君聖主開言路　명군성주개언로

遠諂疏阿闢耳聾　원첨소아벽이롱

높은 벽과 깊은 해자로 된 커다란 자금성

백성들과 선비들의 말을 전하기 어려웠겠구나

훌륭한 임금은 언로를 열어두고

아첨하는 무리를 멀리하며 귀를 열려했다

紫禁城 故宮博物院에서

동문에서 왕푸징 王府井 거리로 갔다. 왕푸징 거리는 젊은이들이 모이는 곳이다. 베이징시백화점빌딩 北京市百貨大樓 지하에 가니 각종 음식점들이 있었다. 우리나라 백화점의 지하 음식점과 비슷했다. 한식이 먹고 싶어 김치찌개 하나와 밥 두 그릇11위안을 점심으로 먹었다. 김치는 타이베이에서 먹고 한 달 만에 먹는 것이다. 오랜만에 우리의 음식을 먹으니 가슴속이 후련해지는 느낌이다. 그런데 모처럼 짜고 매운 음식을 먹어서인지 속이 얼근덜근했다. 우리 음식은 중국 음식에 비해 자극성이 강한 편이다.

아침에 런민대학人民大學에 가서 황푸민黃朴民 교수를 만났다. 인민 대학에 초청해준 것에 대해 감사했다. 황 교수는 2006 ~2007년 사이 1년간 고려대학교 사학과 교환교수로 왔었다. 그때 우리나라의 많은 대학과 관광지를 여행했다고 사진을 보여주었다. 황 교수는 인품이 매우 소탈하고 사교적인 사람이다.

옷과 구두가 불편하여 빈관으로 와서 갈아 입고 티엔탄天壇으로 갔다. 빈관에서 티엔탄까지 걸어가는 데 1시간 정도 걸렸다. 외곽 입장권은 10위안, 티엔탄 안에 들어가는 것

황푸민 교수와 함께

티엔탄

을 포함해서는 30위안이다. 수 백 년 된 측백나무가 빼곡히 서 있는데, 어떤 것은 아직도 건재하고 어떤 것은 상당 부분 고사枯死해 있었다. 그래도 운이 좋은 나무들이다. 천단 주위에 있기 때문에 보호를 받으며 천수를 다 누리고 많은 사랑도 받았을 것이다.

〈天壇 천단〉

側柏守壇數百年 측백수단수백년

人民侍帝一生前 인민시제일생전

廚師炸菜爲誰吃 주사작채위수흘

君主施仁爲孰便 군주시인위숙편

측백나무는 수 백 년 간 천단을 지키고

백성은 한평생 임금을 섬기는구나

주방장이 음식 만드는 것은 누구에게 먹이려 함이며

군주가 인의를 베푸는 것은 누구를 편안히 하려 함인가

天壇에서

저녁 6시에 강원대 고재욱, 강릉대 김백현 교수님과 우따오커우五道口에서 저녁 약속이 있어 2호선과 13호선 지하철을 타고 갔다기본구

. 길거리에는 한글 간판이 여기저기 보였다. 김백현 교수님의 초대로 저녁은 베이징오리에 이과두주二鍋頭酒를 마셨다. 옛날 타이베이에서 유학할 때의 추억들이 생각이 났다. 오랜만이다. 술을 한 잔 마시고 나니 느긋한 마음이 들었다. 그러고 보니 그동안 오랜 여행을 하면서 많이 지치고 긴장했던 모양이다. 10시가 되어 빈관으로 돌아왔다.

12월 22일 동지 이후 처음 내린 눈이라 한다. 오늘은 점심에 황푸민黃朴民 교수의 점심 초대를 받았기에 눈을 맞으며 런민대학 가는 버스를 탔다. 약간씩 내리는 눈이지만 좋았다. 오랜만에 보는 눈이다. 학교 가는 길에 시 한 수를 지어 황푸민 교수에게 주었다. 눈은 하루 종일 조금씩 내렸다. 밤이 되자 좀 더 많이 내렸다. 내일 귀국할 때 지장이 있을까봐 걱정이 됐다.

〈人民大學 인민대학〉

天下臨祥氣 천하림상기

北京降瑞花 북경강서화

傳文滿學校 전문만학교

國士含珍嘉 국사함진가

세상에 상서로운 기운이 있어

베이징 하늘에 흰 눈이 내리는구나

중국 전통 문화가 학교에 가득하니

훌륭한 학자들이 학문을 닦는구나

人民大學 가는 길에서

점심은 학교 교수식당에서 식사를 했는데, 지도학생과 직원이 합석했다. 황 교수가 병가兵家 전공이라서 한 학생은 제갈량, 한 학생은 전국시대 병가에 대한 연구를 한다고 했다. 한 직원은 한국성균관대학에 1년간 파견되었다가 며칠 전에 돌아왔다고 했다. 한국은 중국과의 학술 교류가 예전과 비교할 수 없을 정도로 많아졌다.

황푸민 교수 · 학생들과 함께

돌아오는 길에 빈관 부근의 유리창 문방사우상점에서 큰 붓 한 자루를 샀다. 150위안 달라는 것을 깎아서 100위안에 샀다. 국가에서는 그 곳 상인들에게 받을 수 있는 한 최대한으로 물건 값을 받을 수 있도록 허락했다고 한다. 그래서 물건을 살 때는 우리 돈으로 계산해보고 그냥 사면 안 되고, 가능한 한 많이 깎아야 한다. 흥정해보면 일반적으로 50% 이상 싸게 살 수 있는 것이 보통이다.

빈관으로 돌아와 이번 60일 간의 여행을 시문으로 총정리했다. 짠항룬 교수에게 다음 시문을 이메일로 보내면서 감사의 편지를 썼다. 학회에서 잠시 만난 인연을 시문으로 지금까지 이어 오다니 행복하다.

〈中國遊覽 중국유람〉

弄水吟山六十天 농수음산육십천

常靑臺北逢雲仙 상청대북봉운선

廈門古佛安塵客 하문고불안진객

九曲武夷跡妙然 구곡무이적묘연

敬禮南京好讓步 경례남경호양보

蘇州吳越鐘聲圓 소주오월종성원

杭州碧水東坡影 항주벽수동파영

上海明珠導客船 상해명주도객선

曲阜孔仁明世道 곡부공인명세도

泰山岱廟鎭君專 태산대묘진군전

北京大闕傳珍寶 북경대궐전진보

萬里長城故事綿 만리장성고사면

육십일 동안 중국강산 유람할 제

늘 푸른 타이베이엔 신선이 살고 있고

샤먼의 남보타사 부처님은 중생을 편안하게 해주며

무이산 깊은 계곡엔 무이의 종적이 묘연하고

예를 중시하는 난징은 양보를 좋아하며

쑤저우의 운암사 종소리는 만민을 화해시키고

항저우의 푸른 물은 소동파의 그림자를 비춰주며

상하이의 동방명주는 황포강 여객선을 인도해주고

곡부의 공자는 세상의 도리를 밝혀 주며

태산의 대묘는 임금의 전제정치를 견제하고

북경의 고궁박물원은 진귀한 보물을 전해 주며

만리장성은 옛 이야기를 끊임없이 전해준다

北京 琉璃廠 웨이펑빈관에서

오늘은 귀국하는 날이다. 7시에 빈관에서 나와 지하철을 타고 동즈먼東直門에서 베이징 공항까지 가는 고속전철을 갈아탔다1인 25위안. 일반 전철보다 정거장 수는 적고 속도는 빠르다. 동즈먼에서 베이징 공항까지는 약 30분 정도 걸린 것 같고, 유리창 부근의 빈관으로부터 공항까지는 약 1시간 정도 걸렸다. Check in도 일찌감치 하여 여유 있게 앉아 쉴 수 있었다. 어제 중국 여행을 최종 종합하여 지은 〈중국유람〉中國遊覽도 고쳤다.

베이징에서 인천까지 비행시간은 약1시간 15분 걸렸다. 베이징 시간으로 오전11시 45분 비행기인데, 관제탑의 허락이 늦어져 12시 35분에 이륙하여 인천에는 서울 시간으로 오후 2시 55분에 도착했다. 베이징에서 인천까지는 항로로 1,051Km이다. 수원 서쪽의 해안선에서 북쪽으로 방향을 틀어 해안선을 따라 올라가 인천 공항에 착륙했다.

이렇게 60일간의 대만과 중국 여행이 끝났다. 마치 놀이동산에서 놀이에 정신 팔린 아이처럼 놀다가 무서운 아저씨를 만나 겁을 먹은 적도 있었다. 나의 학교생활이 매일같이 노는 것에 불과하지만 늘 책에 눌려 사는 정신적 중압감 때문에 힘들었지만, 모처럼 잠시 쉬는 시간이 너무 행복했다. 몸도 마음도 상쾌해졌다.

　　일상의 삶은 같은 공간에서 다른 시간을 살고, 여행은 다른 공간에서 다른 시간을 산다. 그런데 우리는 늘 같은 시공간 속에서 같은 일을 반복하는 것으로 생각하며 답답해하고, 여행은 다른 시공간 속에서 모두가 다르다고 생각하기 때문에 신선하다고 생각한다.

　　나이 오십을 넘고 보면 작년 봄과 올 봄의 차이를 잘 알지 못 한다. 그러다 보면 같은 시공간이 매우 권태롭고 답답하게 느껴진다. 그래서 여유 있는 중년의 사람들은 여행을 떠나는지 모르겠다. 육십이 가까운 우리의 이번 여행은 일상의 권태로움 때문만은 아니었다. 우리는 천성이 움직이는 것을 별로 좋아하지 않기 때문에 오히려 일상의 반복을 즐기는지도 모른다. 그런데도 이번 두 달 간의 여행은 시공간의 변화에 따른 긴장감을 즐기며 지냈다. 매일 변화하는 시공간에 적응하려니 고단하고 불안한 것은 사실이었지만 하루하루 색다른 경험 속에서 신선함도 느낄 수 있었다. 그러나 '불안' 하다는 것은 단지 모른다는 것일 뿐 알고 보면 별로 불안할 것도 없다. 우리의 인생도 그랬던 것 같다. 젊은 날에는 내 인생이 어떻게 될까 늘 불안했지만, 나이 먹으며 살아가다 보니 다 그렇고 그런 삶이었다.

음식을 담백하게 먹으면 옅은 맛도 느낄 수 있는 것처럼 우리의 삶도 담백하게 살아야 음미할 수 있다. 어떻게 하면 담백하게 살 수 있을까? 여러 방법이 있겠지만 사람들은 흔히 마음을 비우라고 말한다. 그러나 그것은 말처럼 쉬운 일이 아니다. 필자는 어느 곳이든 상관없이 많이 걷는 여행을 떠나보라고 권하고 싶다. 불교에서도 수행 방법으로 행선行禪을 하듯, 이번 여행에서 우리는 많이 걷다 보니 몸이 건강해지는 것은 물론 자기성찰의 기회도 많아 심신이 담백해지는 느낌을 얻었기 때문이다.

우리는 너무 힘들 때는 빨리 귀국하고 싶었고, 즐겁고 재미있을 때는 또 와 봐야지 하고 생각했다. 그러나 어쩔 수 없는 여행지의 현실을 있는 그대로 인정하고 인내하며 여행을 즐겼다. 다 할 수 없는 우리의 이야기는 나짐 히크메트의 〈진정한 여행〉으로 대신한다.

진정한 여행

나짐 히크메트 지음
류시화 번역

가장 훌륭한 시는 아직 씌어지지 않았다.

가장 아름다운 노래는 아직 불러지지 않았다.

최고의 날들은 아직 살지 않은 날들

가장 넓은 바다는 아직 항해되지 않았고

가장 먼 여행은 아직 끝나지 않았다.

불멸의 춤은 아직 추어지지 않았으며

가장 빛나는 별은 아직 발견되지 않은 별

무엇을 해야 할지 더 이상 알 수 없을 때

그 때 비로소 진정한 무엇인가를 할 수 있다.

어느 길로 가야 할 지 더 이상 알 수 없을 때

그 때가 비로소 진정한 여행의 시작이다.

＊ 나짐 히크메트 Nazim Hikmet는 터키의 혁명적 서정시인이다. 1937년에 체포되어 감옥 안에서 시와 희곡을 썼으며, 1950년에 석방되어 이듬해 모스크바로 망명했다가 그 곳에서 1963년 세상을 떠났다.
＊ 류시화 엮음, 『사랑하라 한번도 상처받지 않은 것처럼』, 오래된 미래, 2005, 108쪽에서 인용.